김병완의 행복학 시리즈
3부작 제3권

행복도 실력이다

김병완

행복도 기술이며, 전략이며, 실력이다.
그러므로 무조건 행복하라

플랫폼연구소

김병완의 행복학 시리즈 3부작 제3권

제목: 행복도 실력이다

부제: 행복한 사람이 결국 인생을 지배한다

인생에 주어진 의무는 다른 아무것도 없다네.

다만 행복하라는 한 가지 의무뿐,

우리는 행복하기 위해 세상에 왔지. <헤르만 헤세>

Prologue / 성공을 위한 단 하나의 법칙

모든 사람은 성공을 꿈꾼다. 그러나 누구에게나 성공의 길이 열리는 것은 아니다. 진정 최고가 되는 사람은 소수에 불과하다. 경제적인 성공만이 성공은 아니다. 사회적인 명성이 성공의 목표도 아니다. 진정한 성공은 타인의 평가가 아니라 스스로 얻는 것이기 때문이다.

성공을 꿈꾸고 그것을 위해 노력하는 것은 결국 자신과의 싸움이다. 선택한 것에 대한 용기와 실천, 그리고 자신에 대한 믿음만이 성공의 열쇠라는 뜻이다.

자신은 아무런 재능이나 능력이 없다고 한탄하는 사람이 있다. 그래서 성공하지 못한다고 말한다. 남들보다 재능이나 능력이 없으니 어쩔 수 없다고 좌절하기도 한다. 과연 재능이 없어서 성공하지 못하는 것일까?

결론적으로 말하면 성공은 재능으로 하는 것이 아니다. 재능만 갖고 성공하는 사람은 없다. 물론 재능이 있다면 도움은 되겠지만 재능이 곧 성공과 같지는 않다. 도전과 실천 없이 재능만으로는 아무런 결실을 얻을 수 없기 때문이다.

성공한 사람 중 스스로 재능이 많다고 생각하는 사람은 그리 많지 않다. 오히려 부족한 것이 많다고 말한다. 그렇다면 과연 어떤 점이 그들을 성공으로 이끌었을까? 그것은 자신에 대해 신뢰했기 때문이다.

'자신이 없다'란 말은 '의욕이 없다'는 말이다. 따라서 성공을 방해하는 것은 외부에 있는 것이 아니라 자신의 내부에 숨어 있는 것이다. 더 나아가 실력이란 이 내적인 적을 타파하는 정신력과 행동력이다.

그렇다면 그런 내적인 적을 이기는 방법은 무엇일까? 가장 중요한 것은 모든 것을 부정적으로 생각하는 고정관념을 버리는 것이다. 폐쇄적인 고정관념을 갖고 있으면 처음부터 일이 순조롭게 풀릴 리 없다.

어떤 일이 생겨도 좋은 면, 밝은 면만 보면서 가능성을 발견하는 플러스적인 사고를 가져야 한다. 그리고 어떤 어려움이 생겨도 긍정적으로 생각하고 적극적으로 도전하는 용기를 가져야 한다. 무슨 일에든 도전해 본다는 자세를 가진다면 이미 절반은 성공한 셈이 된다.

이 책을 쓰게 된 동기는 보다 더 행복하고 성공적인 삶을 살 수 있는 길을 제시하려는 것이다. 물론 이러한 내용을 다루고 있는 책들은 서점에 가든, 가지 않든 차고 넘치는 것이 우리가 사는 현대의 현실이다. 하지만 책 대부분이 행복과 성공을 별개로 나누어서, 행복하기 위해서는 성공하지 않아야 한다고 말하는 책이 많거나, 아니면 아예 성공하면 행복해 질 수 있다는 뉘앙스를 풍기면서, 성공과 부를 획득하는 것이 최고로 좋은 인생을 살아 가는 것인양, 그것을 획득하기 위한 비법과 방법을 다루고 있는 책들이다.

하지만 이 책은 이런 부류의 책들과 다르다. 달라도 많이 다르다. 왜냐하면 성공과 행복을 나누거나, 행복이 성공의 종속변수라고 말하지 않기 때문이다. 오히려 성공이 행복의 종속변수라고 말하고 있다. 이 책은 필자처럼 참된 행복과 성공의 길을 찾으려고 수많은 자기계발서를 뒤적이거나, 많은 고민과 사색을 하고 있을 독자들을 위해 쓴 책이다. 그런 독자들의 시간과 노력을 아껴주고 인생을 이전보다 더 행복하게 살면서, 동시에 충만하고 풍성한 성공적인 삶까지 살 수 있도록 조력해주기 위해서이다.

이 세상에는 수도 없이 많은 책이 존재한다. 그리고 그 책들이 주장하는 내용 또한 천차만별이다. 그래서 어떤 책을 읽었느냐에 따라서 삶이 바뀌고 인생의 길이 달라질 수 있다. 그렇다면 이 책의 독자들은 어떤 인생의 길로 가게 될까?

이 책을 통해 제시하고자 하는 삶의 길은 행복만을 제일 우선시하는 그런 길이 아니다. 행복과 동행하면서 목적지는 성공이라는 인생의 길이다.

세상이 변하고 시대가 달라졌기 때문에 과거에는 존재하

지 않았던 삶의 다양한 길들이 생겨났다. 그리고 이 책에서 제시하고자 하는 삶의 길 또한 시대의 변화로 인해 새롭게 생겨난 인생의 길 중 하나이다.

새로운 시대를 살아가야 할 새로운 인류에게는 이전의 인류가 살아 온 방법이 아닌 새로운 방법과 전략이 필요하며, 그러한 새로운 방법과 전략은 바로 새로운 인생의 길을 가기 위한 지도와 같은 것이라고 볼 수 있다. 그리고 그러한 새로운 전략과 방법이 바로, 이 책이 새롭게 주장하는 '행복학'이라는 전략과 방법이다.

시대가 바뀌었고 그로 인해 그 시대를 지배하는 패러다임도 역시 바뀌었다. 이것을 부정할 수 있는 사람은 아무도 없을 것이다. 그리고 무엇보다 행복의 패러다임이 과거 수십 년 전에는 도저히 상상도 할 수 없을 만큼 크게 근본적으로 바뀌었다.

이러한 이유 때문에, 새로운 시대를 살아가는 신세대들에게는 과거의 성공 전략과 법칙들이 모두 무용지물이 되었거나, 아니면 별로 효과가 없는 있으나마나 한 것들이 되었다. 새로운 시대에는 행복하고 성공하기 위해서는 그 시대가 요구하는 새로운 전략이 필요하다.

이 책은 신세대라고 해서 젊은 청년, 청소년들로만 국한시키지 않는다. 신세대라고 함은 거대한 변화의 물결 속에 살아가야 할 새로운 인류를 말한다. 그렇기 때문에 나이가 많든 적든 이 시대를 살아가야 할 사람은 모두 신세대인 셈이다.

그래서 이 책을 읽어야 할 독자들은 나이에 불문하고 유연한 사고방식과 열린 마음을 가지고 있는 사람들, 나이가 아무리 많아도 꿈을 포기하지 않고 간직하고 있는 사람들, 꿈을 잊은 지 오래되었다 해도 다시 새로운 꿈을 기꺼이 꾸고자 하는 용기 있는 사람들이다.

왜 이 책은 특별한 책일까?

이미 성공의 비결과 방법을 제시해 주는 성공도서는 서점에 가면 차고 넘치고 있다. 그런데도 또 성공 도서를 쓴 이유는 무엇인가? 그리고 왜 이 책이어야 하는가? 다른 책들도 많을 뿐만 아니라, 이미 베스트셀러가 되어 수많은 이들이 읽고 용기와 힘을 얻은 그런 책들이 많은데

말이다.

그 이유는 앞에서 잠깐 언급했듯이, 이 책은 기존의 다른 자기 계발 도서와 약간 다른 패러다임의 책이기 때문이다.

자꾸 다르다고 말만 하고, 구체적으로 무엇이 다른지 왜 설명하지 않는가? 하고 궁금해하는 독자가 있을지 몰라, 서문에서 약간 밝히자면, 기존의 수많은 성공 도서가 성공의 비결로 '열정'과 '꿈'과 '유머'와 '노력'과 '목표 설정'과 '긍정적인 생각'과 '좋은 습관', 그리고 심지어 '바보 같은 우직함' 등과 같은 다양한 것들을 꼽고 있다. 하지만 이 책은 이러한 시각에서 조금 벗어나 성공의 비결로 성공의 결과로 얻게 될 수 있다고 생각하고 있는 바로 그것 즉 '행복'을 들고 있기 때문이다.

약간 다른 시각이 전혀 다른 패러다임으로 발전되었다고 볼 수 있다. 성공해야 행복할 수 있는 것이 아니라, 행복해야 성공할 수 있다는 것이 이 책의 요체인 셈이다.

“ 최고의 성공법칙은 꿈과 열정이 아니라, 행복이다.즉 행복은 하나의 기술이며, 가장 탁월한 전략이며, 탁월한 실력이다.”

이 책은 새로운 시대에 가장 강력한 경쟁력은 바로 ‘행복’ 이라는 사실과 그 사실이 왜 진짜 사실인지, 여러 가지 다양한 사례들을 통해 조목조목 따져 보며 풀어나가는 책이다. 조목조목 따져 보며, 풀어나가기 위해서는 책은 전반부는 불가피하게 재미가 덜 할 수 있다. 하지만 맛있는 요리를 먹기 위해서는, 많은 재료를 구입하여, 준비하는 시간이 그만큼 많이 걸리는 법이다. 그 지루한 준비 시간은 맛있는 요리를 먹을 때, 한순간에 다 보상이 되듯, 이 책은 핵심인 후반부를 통해, 우리는 충분히 원하는 것을 얻을 수 있을 것이다.

새로운 시대가 요구하는 새로운 행복 패러다임은 이것이다.

“행복은 성공의 목적, 삶의 목적이 아니라, 성공적인 삶을 살아가기 위해 가장 필요한 수단이며, 도구이면서, 동시에 하나의 기술이며, 놀라운 전략이며, 압도적인 실력이다."

성공하고 싶다면, 어떻게 열심히 일하며 살까를 고민하지 말고, 어떻게 지금, 이 순간 행복하게 살까를 고민하라는 것이다. 왜냐하면 과거에는 열심히 노력하고 남들보다 더 많이 인내하며 일을 하는 사람이 성공했지만 이제는 열심히 일하는 사람보다 행복한 사람이 더 성공하는 시대로 접어들었기 때문이다 그렇다면 왜 이렇게 급격한 변화가 발생했다고 말하는 것일까? 그것은 우리가 사는 이 시대의 인간은 단순한 제품의 소비자들이 아니라, 이성과 감성과 영혼을 지닌 전인적(全人的)존재로 거듭났기 때문이다. 그 결과 이제는 감성과 영성과 관계된 가치 주도의 시대이기 때문인 것이다.

잘 알다시피, 스타벅스가 단기간에 성공한 것은 맛있는 커피를 팔았기 때문이 아니라, 커피를 마시며, 감성과 영혼을 쉬게 할 수 있는 제3의 장소를 팔았기 때문이다. 하지만 좀 더 파고 들어가 보면, 그것은 바로 행복을 팔았다고 할 수 있다. 고객을 행복하게 해 주면, 고객은 반드시 보상하게 되는 것이다. 이처럼 우리가 행복하게 되면, 우리의 몸과 마음도 주인인 우리의 삶에 보답해 준다. 잠자던 재능과 상상력과 창의성을 깨워서 우리에게 보답해 주는 것이다.

' 오늘 행복하라. 그러면, 내일 성공할 것이다. 성공은 오늘 행복할 수 있는 자의 것이다.'

" 행복은 최고의 성공 도구이며, 수단이면서 동시에 성공 그 자체다."

" 행복도 기술이며, 성공이며, 실력이다. 그러므로 아낌없이 행복하라 "

목차

‘행복의 문 하나가 닫히면 다른 문 하나가 열린다. 그러나 우리는 닫힌 문만 바라보다가 열려 있는 다른 문을 보지 못한다.’ < 헬렌 켈러 >

제7장, 행복한 사람은 비교하지 않는다.

'나는 모든 존재가 행복의 필연적인 운명을 갖고 있다는 사실을 본다.' <랭보>

행복을 좇지 않지만 행복한 사람

"저걸 가질 수만 있다면 정말 행복할 텐데!"
"성공만 한다면 정말 행복할 텐데!"
"로또에 당첨만 된다면 정말 행복할 텐데!"

위의 소원이 이루어지면 정말 행복해질까? 절대 아니다.

오히려 더 큰 욕망이 생기고 더 큰 소유욕이 생겨서 작은 것에 만족하는 행복을 잃어버리게 된다. 성공한 많은 사람들은 말한다. 성공을 해도 행복이 자동으로 주어지지 않는다고. 그리고 로또에 당첨된 사람 대부분은 1년 이내에 파산하거나 이혼한다. 아니면 그 전보다 훨씬 더 불행해진다는 것이 통계로 밝혀졌다. 통계에 의하면 거의 80% 이상의 사람이 파국으로 치닫는 인생을 살게 되고 나머지는 다행스럽게도(?) 로또가 당첨되기 전과 비슷한 수준의 삶을 살게 된다고 한다. 물론 1%의 예외는 있다.

행복한 사람은 어떤 상황을 만나도 용수철처럼 다시 행복해질 수 있다고 한다. 그리고 불행한 사람은 어떤 좋은 일을 만나도 용수철처럼 다시 불행한 삶으로 되돌아온다고 한다. 아무리 큰 돈을 벌어도 그 전에 불행했던 사람들은 여전히 불행하다. 아무리 큰 사고를 당해도 그 전에 행복했던 사람들은 1년 이내에 다시 행복해진다. 이것이 바로 행복한 사람과 불행한 사람의 차이점이다.

어떠한 조건이나 사건, 혹은 형편이 그 사람을 행복하게 또는 불행하게 만드는 것이 아니라 행복한 사람은 행복을 좇지 않아도 여전히 행복하게 살아가고 불행한 사람들은 행복을 포기한 것이 아님에도 불구하고 여전히 불행하다.

로또 당첨자의 사례는 행복이 그 사람의 외적 조건에 의해 결정되는 것이 아니라 내적 조건, 즉 내적 상태에 의해 영향을 받고 결정되는 것이라는 점을 뒷받침해준다.

'행복한 사람들은 행복을 좇지 않는다. 그럼에도 불구하고 그들은 여전히 행복하다.'

마시 시모프는 자신의 책인 '이유 없이 행복하라' 에서 다음과 같은 질문을 했다.

'어떤 사람은 왜 다른 사람보다 더 행복한가?

이에 대한 답으로 그는 연습을 통해 행복해질 수 있다고 말했다. 그래서 행복한 사람은 행복을 좇아가지 않고 그것을 찾으려고 안달하지 않지만 그냥 행복하게 살아가고 있다는 것이다. 이것은 마치 아침에 일찍 일어나는 습관을 가진 사람은 늦게 잠자리에 들어도 일어날 시간이 되면 저절로 일어나게 되는 것과 같다.

행복한 사람은 어떠한 결단이나 특별한 수행 없이 그저 행복한 삶을 누리며 살게 되는 것이다. 행복은 자전거 타기나 스키 타기와 같은 것이기 때문에 일단 배우고 난 후에는 힘들이지 않고 즐길 수 있다. 수영을 배울 때도 백 미터를 가기 위해서는 엄청난 힘과 노력과 의지가 필요하지만 일단 수영을 배우고 나면 힘들이지 않고도 너끈히 몇 백 미터를 완주할 수 있는 것이다.

행복도 이와 같은 것이다. 일단 행복한 사람이 되면 힘들이지 않고 자연스럽게 즐기며 행복할 수 있는 것이다. 행복의 고수가 되면 특별히 노력하거나 특별한 이유가 없어도 그저 행복할 수 있기 때문이다.

우리가 이유 없이 행복할 수 있는 이유 중에 하나는 우리는 행복하게 존재하는 것이 가장 이상적이고 바람직한 상태이기 때문이다. 슬픔과 분노와 두려움으로 가득 차 있는 상태는 비정상이며 기쁨과 즐거움과 행복으로 가득 차 있는 상태가 정상적인 상태인 것이다. 이유가 있어서 슬퍼하는 것은 정상이지만 이유가 없다고 행복하지 않는 것은 비정상이다. 그렇기 때문에 이유 없이 그저 존재함으로 행복해하는 것, 즉 이유 없이 행복해하는 것이 정상이라는 사실을 명심해야 한다.

세상에는 공짜가 없지만 그 세상을 가득 채우고 살아가고 있는 우리 자신, 즉 우리의 인생과 우리의 존재는 사실상 공짜이다. 신의 선물이라고 할 수 있다. 우리가 인간이 되기 위해 피나는 노력을 한 것이 아니기 때문이다. 그리고 그 존재와 함께 가장 바람직한 상태는 행복한 상태이기 때문에 행복도 역시 공짜라는 사실을 잊지 말아야 한다.

우리가 태어나서 인간이 되기 위해 어떠한 돈도, 어떠한 노력도 지불하지 않았지만 인간으로 이 땅에 존재하듯 우리의 행복도 마찬가지다. 랭보도 이런 사실에 공감하고 있다. 그는 다음과 같이 행복의 운명에 대해 말했다.

"나는 모든 존재가 행복의 필연적인 운명을 갖고 있다는 사실을 본다. 행복은 나의 필연적인 운명이다."

그의 말처럼 행복은 우리의 필연적인 운명임에 틀림없다. 그래서 우리는 지금 이 순간 행복할 수 있고 행복함으로 살아갈 수 있는 운명을 가진 존재들이다. 그러므로 우리는 행복을 좇지 않아도 그냥 행복하게 살아갈 수 있다. 그것이 정답이다. 그러므로 우리는 행복을 좇지 않지만 행복함으로 살아가야 한다.

'성공은 바라는 것을 얻는 것이고 행복은 얻는 것을 바라는 것이다.'

데일 카네기의 말이다. 그의 말대로라면 행복은 좇아가는 것이 아니라 이미 가진 것을 누리는 것이어야 한다. 즉, 행복한 사람들은 이 사실을 잘 알고 있고 무의식적으로 그것을 실천했던 사람들임에 틀림없다. 우리가 좇아가는 것을 획득한다고 행복은 아니다. 이미 가진 것을 통해 행복할 수 있는 사람들은 모두 다 행복한 사람들이다.

획득하고, 쫓아가고, 거머쥔다고 하는 개념과 행복의 본질은 서로 어울리지 않는다. 행복이란 단어인 'happiness' 의 어원은 'happen' 이라고 한다. 'Happen' 은 발생한다는 뜻이다. 이 말의 어원이 의미하는 것처럼 행복은 삶을 통해, 마음과 행동을 통해 발생되어야 하는 것이지 좇아가고, 획득하고, 쟁취하는 것은 아니다. 다시 말해, 행복은 좇아가야 하는 것이 아니라 삶을 통해 생성되어야 하고, 발생 되어야 하고, 우리가 누리고 느끼고 체험하고, 경험해야 하는 것이다. 이것이 행복한 사람의 첫 번째 특징이다.

영어에서 행복을 뜻하는 'HAPPY' 는 고대 스칸디나비아 말인 'HAPP' 에서 유래했다고 한다. 그리고 이 단어의 원래 뜻은 '행운' 이다. 생각해 보라. 우리가 얼마나 행운아들인지! 왜냐하면 우리는 행복하기 위해 큰 돈을 벌고 큰 성공을 해야만 행복해질 수 있는 사람들이 아니라 우리 내면에 이미 행복해질 수 있는 모든 것들이 갖추어져 있기 때문이다.

수많은 사회학자들과 심리학자들은 행복해지기 위해 필요한 것은 큰 성공이나 일확천금, 권력이나 명성이 아니라고 말하고 있다. 우리가 행복해지기 위해 필요한 것들은 타인에게 친절을 베풀어줄 수 있을 만큼의 착한 마음, 바쁜 가운데에서도 틈을 내서 친구나 가족과 대화할 수 있는 여유, 소소한 일상을 통해 감사하고 크게 웃을 수 있는 유머 감각 등과 같은 단순하고 간단한 것들이다. 이러한 사실을 통해 볼 때, 우리는 얼마나 행복한 행운아들인가?

좀 더 철학적으로 이 사실을 확인해볼 수도 있다. 철학자 스피노자의 주장에 의하면 인간이 가진 특성상, 인간은 스스로 감정에서 벗어날 수는 없지만 노력이나 지혜를 통해 자기 내면 안에서 스스로 행복한 감정을 만들어낼 수 있다고 한다. 즉, 그는 자기 안에 행복의 영역을 넓게 확보하고 있기 때문에 감정은 하찮은 것이 된다고 했다. 그렇기 때문에 지혜로운 사람들은 충분히 감정을 뛰어넘어 행복한 삶을 살아갈 수 있다는 것이다.

그의 주장대로 행복은 우리 스스로 얼마든지 만들어낼 수 있기 때문에 행복을 좇아갈 필요도 없다. 좇아가는 것은 어리석은 자들이 하는 것이며 그로 인해 어리석은 자들은 더욱 더 행복한 삶을 살지 못하게 된다.

행복한 사람들이 행복할 수 있는 이유 중 하나는 자기 자신 안에만 갇혀 살아가지 않기 때문이다. 불행한 사람들은 자기 자신 안에 갇혀 살면서 오로지 행복과 성공을 좇아가기 때문에 불행한 것이다. 행복한 사람들은 그렇게 살지 않는다. 자기 자신에서 벗어나 세상을 넓고 멀리 보며 살아가기 때문에 사소한 감정이나 현실을 초월해 행복한 삶을 살 수 있게 되는 것이다.

미국의 정치가인 벤저민 프랭클린은 다음과 같이 말했다.

"인간의 더 없는 행복은 아주 드물게 얻을 수 있는 행운의 조각들이 아닌 날마다 얻을 수 있는 조그만 기쁨들로 만들어진다."

그의 말처럼 우리의 행복은 아주 드물게 얻을 수 있는 행운의 조각들로 만들어지는 것이 아니라 우리의 일상을 통해 소소한 기쁨들로 만들어져서 행복한 삶으로 이어지는 것이다.

행복한 사람들은 행복을 좇아가지 않는다. 행복으로 가는 길은 없기 때문이다. 행복 그 자체가 길이기 때문이다. 우리가 존재하고 살아가는 이 모든 것이 행복이며 감사의 조건인 것이다. 그러니 행복을 좇아가는 어리석은 욕심을 포기하고 삶을 있는 그대로 인정하고 받아들인다면 우리는 행복해질 수 있다.

행복과 성공의 상관관계

'행복한 사람은 창조적이고 활동적이다.'

그래서 아침에 누구보다 더 빨리 일어나고 늦게 잠자리에 들지만 누구보다 더 정력적이며, 열정적이며, 지치지 않는 사람이다. 이런 사람이 성공하는 것은 당연하다. 연구결과 행복한 사람들이 그렇지 못한 사람보다 더 지적이며, 창조적이며, 독창적이기 때문에 문제 해결력이 높고 복잡한 상황에서 보다 더 현명한 선택과 결단을 하게 된다고 한다. 또한, 어른과 마찬가지로 행복한 아이들이 그렇지 못한 아이들보다 더 공부도 잘한다는 연구 결과가 있다.

결국엔 행복한 사람이 성공하게 되어 있다. 이것은 자연의 법칙이다. 왜냐하면, 가장 바람직한 인간의 상태는 건강하고 행복한 상태이기 때문이다. 그러한 상태에 있을 때 인간은 가장 인간답기 때문이다. 가장 인간답다는 것은 가장 지적이고, 가장 지혜롭고, 가장 창의적인 상태가 된다는 것이다. 그래서 행복한 사람들이 그렇지 못한 사람들보다 훨씬 더 지적이고 창의적이 되는 것이다. 그래서 행복한 사람이 성공하고, 행복한 기업이 돈을 벌고, 행복한 학생이 성적이 좋고, 행복한 주부가 가정을 살리고, 행복한 나라가 부강해지고, 행복한 조직이 생존하게 되는 것이다.

단순히 이론에 지나지 않는다고 생각하는 독자도 있을 것이다. 하지만 이것은 가장 현실성 있는 사실이고 그것을 입증하는 사례들은 주위에 너무도 많다. 너무나 잘 알려진 펀 경영의 시초인 사우스웨스트의 사례는 생략하더라도 가장 최근에 알려진 사례로 미국 최고의 온라인 패션쇼핑몰 회사인 재포스(Zappos)를 살펴보도록 하겠다.

이 회사의 경영 노하우는 바로 행복 경영이다. 그 결과

무일푼의 쇼핑회사가 10년 만에 1조 원대의 매출을 올리는 쇼핑회사로 성장하게 되었다. 이 회사의 독특한 행복 경영의 노하우는 바로 이것이다.

'세상에 행복을 선사한다.'

이런 경영 마인드로 똘똘 뭉쳐서 자신의 행복을 극대화하고, 직원들의 행복을 극대화하고, 고객들의 행복을 극대화하기 위해 노력한 것이다. 고객과 여섯 시간의 통화도 마다하지 않는 상담원은 피자 주문도 마땅히 대신 해준다. 고객의 행복을 위해 본사를 고객센터로 이주했다. 돈만 벌려고 하는 신입사원들에게는 돈을 주어 다른 회사로 내보냈다. 아울러 고객뿐만 아니라 직원들의 행복을 위해 사원 연수에 코미디를 도입하기도 했다. 수익보다 직원들의 행복을 먼저 고려한 것이다.

과연 이러한 회사가 현실성이 있을까? 무한경쟁 시대에 수익을 최우선으로 하지 않고도 생존할 수 있을까? 대답은 '그렇다' 이다. 현실성이 있을 뿐만 아니라 가장 수익성이 높은 회사로 평가받고 있고 가장 오래 생존할 수 있는 회사로 평가받고 있는 것이다.

행복한 기업 재포스는 성공과 번영과 돈을 쫓지 않는다. 하지만 성공하고 번영하고 돈을 벌고 있다. 그것도 아주 많이. 그리고 아주 잘하고 있다. 바로 이것이다. 행복한 사람은 성공을 좇기 위해 애쓰고 노력하지 않지만 누구보다 더 성공적인 삶을 살아가게 된다. 그렇기 때문에 결국에는 행복한 사람이 이기게 되는 것이다.

이러한 이치는 비단 한 개인에게만 국한되는 것이 아니다. 국가나 기업에도 동일하게 적용이 된다. 기술과 과학이 눈부시게 발달하고 있지만 국가나 기업을 번영시키고 성공하게 만드는 것은 바로 사람이다. 즉, 기업경영과 국가의 발전의 성패는 결국 사람에게 달려 있다. 그래서 기술과 과학이 눈부시게 발전하고 있는 이 시대에 그 동안 외면되어 왔고 천대받았던 인문학이 점점 더 중요하게 부각되고 있는 것이다.

하지만 아무리 인재라고 해도 불평과 불만, 분노와 슬픔으로 가득 차 있는 불행한 사람이라면 국가나 기업에 큰 공헌을 할 수 있을까? 아무리 인재라고 해도 성공에 대한 욕망과 독선에 가득 차 있다면 큰 성공을 할 수 있을까?

이러한 인재들은 큰 성공을 할 수 없을 뿐만 아니라 자신이 속해 있는 기업이나 국가에도 큰 공헌을 할 수 없다. 욕망이나 독선에 사로잡히게 되면 눈이 어두워져서 자연의 섭리를 깨닫지 못하게 되고 지혜를 잃기 때문이다. 결국 그런 사람은 재능은 있다 해도 크게 성공하지 못하게 된다. 분노와 질투와 시기 등이 마음속에 가득 차 있는 인재들도 마찬가지다.

그래서 사람은 자신의 현재 상황에 행복을 느끼고, 감사를 느끼고, 만족을 할 때 가장 큰 능력을 발휘할 수 있게 된다. 이러한 행복을 느끼기 위해서는 성공을 좇아가서는 안 된다. 성공에 집착하는 순간 성공은 멀리 달아나게 된다. 성공에 집착하지 않고 행복함으로 자신의 일을 즐기면 그 순간부터 성공은 소리 없이 다가오게 된다. 그래서 옛말에 천하를 경영하는 제일의 요체는 '욕심으로 가득 찬 나'를 버리는데 있다고 했다. '욕심으로 가득 찬 나'를 버리는 순간 마음에 평화가 깃들게 되고 평정심을 유지할 수 있게 된다. 이러한 평정심은 일이 잘 안 풀릴 때 더욱 더 큰 위력을 발휘한다.

우리는 무엇인가를 해내기 위해 시도하다 보면 잘될 때도 있지만 아무리 해도 안 될 때가 있다. 그럴 때 '욕심을 버리고 마음을 비운 사람'과 그렇지 못하고 성공에 집착하는 사람은 다르게 반응하게 된다. 그 다른 반응이 그 사람이 시련과 고난을 잘 이겨낼 수 있는 사람인지 아닌지를 판가름하게 되는 것이다. 그래서 큰 성공을 한 사람들은 대부분 초연함을 몸에 익히고 있는 경우가 많다. 큰 성공은 바로 시련과 역경을 얼마나 잘 이겨내는가에 달려있기 때문이다.

행복한 사람보다 더 시련과 역경을 잘 이겨낼 수 있는 사람은 없다. 아무리 의지가 강하고 불굴의 사람이라 해도 그 사람이 불행한 사람이라면 쉽게 자포자기하기 때문이다.

행복은 웃음을 통해 생겨난다.

인간은 사회적 동물이다. 이 명제는 우리에게 어떻게 살아가는 것이 가장 바람직하며 옳은 것인지를 잘 말해줄 뿐만 아니라 성공과 행복의 비밀까지도 잘 알려 주고 있다. 즉, 혼자서 살아가는 외톨이들은 그렇지 않은 사람들보다 훨씬 더 빨리 죽는다. 그리고 사회생활을 하는 사람들 중에서도 자신보다 먼저 타인을 행복하게 해주고 윤택하게 해주는 사람일수록 오래 산다. 이것은 연구결과로 밝혀진 사실이다.

미국 미시간 대학교의 스테파니 브라운 박사는 타인을 돕고 행복하게 해주는 노인들은 타인을 돕지 않는 노인들에 비해 오래 살 가능성이 두 배나 높다는 사실을 밝혀 냈다.

자신만 생각하는 이기적인 사람 중에 큰 행복을 누리고 경험하는 사람이 별로 없다. 이와 반대로 자신보다 타인을 먼저 행복하게 하고 윤택하게 하는 사람들은 대부분 행복하다. 왜 그럴까? 이유가 무엇일까? 러시아의 대문호 톨스토이는 다음과 같이 말했다.

"우리에게 최고의 행복을 안겨주는 것은 자기 자신에 대한 봉사가 아니라 다른 사람을 향한 봉사이다."

'행복의 정복' 의 저자이며 노벨문학상을 받은 바 있고 20세기의 지식인들 중에서 가장 영향력 있고 다양한 활동을 한 인물인 영국의 철학자 버트런드 러셀도 이와 비슷한 견해를 가지고 있었다.

"행복이란 다른 사람들도 행복해하는 모습을 보는데 자신을 바치는 것이다."

이들의 말을 통해 행복은 다른 사람들을 도와주고 행복

하게 해 주는 것이라는 결론에 도달할 수 있다. 그리고 행복한 사람이란 자신만 행복하게 하는 사람이 아니라 오히려 타인을 행복하게 해주는 사람들이라는 귀결점에 도달하게 된다.

행복한 사람들이 전부 다 타인을 먼저 행복하게 해주는 사람들은 아니지만 타인을 먼저 행복하게 해주는 사람들은 전부 다 행복한 사람들이다.

그렇다면 행복한 사람이 되기 위해 실질적으로 행할 수 있는 방법은 무엇일까? 그런 방법이 있을까? 물론 있다. 가장 간단하면서도 확실한 방법, 그것은 바로 웃음이다.

'사람은 행복해서 웃는 것이 아니라 웃기 때문에 행복해진다.' <윌리엄 제임스>

심리학의 거장인 윌리엄 제임스는 사람이 행복해서 웃는 것이 아니라 웃기 때문에 행복해진다는 놀라운 사실을 발견한 사람이다. 그리고 그는 웃음 치료의 토대가 되는 원리를 발견했다. 웃으면 몸과 마음이 훨씬 더 건강해질 수 있으며 실제로 몸에서는 여러 가지 호르몬 분비와 생체반응이 일어난다. 이는 이미 과학적으로 확인된 사실이다.

감정은 웃거나 우는 표정을 짓게 만든다. 이는 오래된 정설이다. 하지만 얼굴 표정에 따라서 행복해지거나 불행해질 수 있다는 사실은 현대에 와서 밝혀진 사실이다. 그 증거로 보톡스(위키백과: 보톡스는 보튤리움(보툴리눔, 보툴리넘) 독소를 이용하여 신경장애, 근육질환(목, 눈의 경련) 등을 치료하는데 사용되는 약물이다. 미용적으로는 주름, 사각턱, 종아리근육의 축소 등에 사용된다)를 근육에 주사하면 신경전달 물질을 막아 주름살이 생기지 않게 하는 효과가 있는데 그 효과로 인해 일시적으로 우울증이 완화되고 치료되는 효과가 있다고 밝혀졌다. 물론 부작용이 있을 수 있고 일시적인 효과뿐이라는 단점이 있지만 강제적으로라도 인상을 쓰거나 주름 짓는 것을 막아 주고 웃는 표정, 밝은 표정을 하게 되므로 몸과 마음도 그것을 따라 밝아지고 행복해지는 것이다.

이러한 사실을 뒷받침하는 연구결과는 또 있다. 미국에서는 어떤 심리학자가 우울증에 빠지는 간단한 원리를 밝혀냈는데 한숨을 하루에 1,000번씩, 3개월만 지속하면 대부분의 사람이 우울증에 걸리게 된다고 밝혔다.

그래서 쇼펜하우어는 '많이 웃는 사람은 행복하고 많이 우는 사람은 불행하다.' 고 말했다. 그의 말대로 행복한 사람이란 남들보다 많이 웃는 사람인 것이다.

웃음을 통해 불치병에서 벗어나 행복한 삶을 되찾은 사람은 매우 많다. 그 중에 유명한 사람이 바로 노먼 커슨스이다. 그는 자신이 불치병에 걸려 심한 고통과 함께 시한부 인생을 살아야 하는 처지였다. 그러나 죽음을 눈앞에 둔 상태에서 웃음이 자신의 병을 개선시켜 줄 것이라는 희망을 발견하고 날마다 코미디를 시청하며 웃고 또 웃었다. 그 결과 불치병이 완치되었다. 그는 실제로 자신의 체험을 '질병의 분석(Anatomy of an illness)' 이라는 책을 통해 세상에 알렸다. 그는 웃음이 최고의 명약이며 최고의 건강 비결이라고 말하고 있다.

몸이 아파서 자주 병원 신세를 지고 약을 먹는 사람보다는 건강한 사람이 더 행복하다는 것은 누구나 잘 알고 있을 것이다. 하지만 우리가 간과해서는 안 될 것이 있다. 건강하니까 행복한 것도 사실이지만 행복하니까 건강해지는 것도 사실이라는 점이다. 즉, 행복한 사람은 자연스럽게 얼굴 표정이 밝고 항상 웃는다. 그리고 이러한 몸과 마음의 상태가 건강에도 영향을 주기 때문에 행복한 사람들은 대부분 건강한 삶을 살게 된다.

아무리 건강한 사람이라도 몇 달 동안 분노와 시기와 엄청난 스트레스와 긴장과 압박 속에 살게 된다면 건강이 악화될 것이 분명하다. 즉, 불행하게 사는 사람은 건강도 보장할 수 없지만 행복하게 사는 사람은 시간이 흐를수록 더욱 더 건강해진다.

모든 병은 마음에서 비롯되고 심한 스트레스와 갈등, 긴장과 분노, 억압 등이 병으로 이름만 바꾸어 우리에게 신호를 보내는 것이다. 그러므로 행복한 사람들은 이러한 마음속의 찌꺼기들이 없는 사람들이고 그로 인해 항상 웃는 사람들이나. 이것은 선순환 작용을 하기 때문에 행복해서 웃다 보면 그 웃음 때문에 더 행복해 지고 더 행복해지니까 더 많이 웃게 되는 것이다.

이러한 원리는 깔때기와 빨대의 차이와 같다. '유머가 이긴다'의 저자인 신상훈 씨는 똑같은 교수가 똑같은 강의실에서 똑같은 교재로 똑같이 가르쳤는데도 불구하고 비슷한 능력의 학생들의 성적이 다른 이유는 지식을 받아들이는 유형이 다르기 때문이라고 말한다. 첫 번째 유형은 깔때기와 같이 많은 지식을 받아들이는 유형이다. 두 번째 유형은 빨대와 같은 유형이기 때문에 제한적인 지식만 받아들이고 그 양도 매우 적다. 이러한 차이는 태도를 통해 알 수 있다고 한다.

행복한 사람과 불행한 사람의 차이 역시 이러한 깔때기와 빨대 이론으로 설명이 가능하다. 행복한 사람은 자신을 넘어 이 세상의 모든 것들에 관심과 호감을 가지고 있다. 항상 마음이 열려 있고 무엇이든 받아들일 수 있는 깔때기 모양의 마음을 가지고 있는 것이다. 그런 마음을 가진 사람들은 사소한 일이 주위에서 많이 발생하더라도 그것을 그냥 허비하지 않고 마음껏 즐거워하며 웃을 수 있다. 그러한 웃음은 그 사람을 더욱 더 행복하게 만든다.

하지만 불행한 사람들의 마음은 빨대와 같아서 입구가 너무 협소하고 좁아서 자신만 바라보고 자신과 직접적으로 관련된 일 외에는 관심도 호기심도 없다. 그래서 세상의 아름다움과 즐거움을 놓쳐 버리고 자신에게 발생하는 기쁜 일마저도 제대로 기뻐할 수 없게 된다. 그래서 언제나 무표정하고 웃음이 매우 적다. 이러한 표정과 웃음의 빈약함은 그 사람을 더욱 더 행복하지 못하게 만들어 버린다.

웃음은 우리를 행복하게 하고, 우리를 강하게 하고, 우리를 현명하게 하고, 우리를 건강하게 하고, 우리는 능력자로 만들어 준다. 그래서 웃음을 통해 큰 힘을 얻어서 세계 신기록을 세우는 사람들이 많다. 칼 루이스도 100m 달리기를 할 때 힘이 부치는 마지막 20m를 남겨놓고 통쾌하게 웃는 것을 통해 더 빨리 달릴 수 있다고 한다.
뿐만 아니라 크게 웃으면 신체에너지가 증가하여 활력이 생긴다는 사실이 심리학자들에 의해 밝혀졌다. 이보다 더욱 더 중요한 것은 행복해서 웃는 것이 아니라 웃으니까 행복해지는 것이라는 사실이다. 그래서 행복도 빈익빈 부익부의 현상이 존재한다.

이 원리를 알고 있는 사람들은 행복한 사람들로 살아 갈 수 있다. 이들은 불행한 사람들보다 더 많이 행운을 얻는 사람들이 아니지만 행복한 삶의 태도 때문에 결과적으로 더 많은 행운을 얻게 된다.

행복한 사람들은 최악의 상태에서도 크게 웃는 사람들이다. 그로 인해 그 최악의 상태가 바뀌어 더 좋은 기회와 환경을 만들어 준다. 그래서 웃다 보면 좋은 결과가 나오게 되고 그로 인해 더욱 더 행복한 삶을 살아갈 수 있는 것이다. 그래서 '웃으면 복이 온다.' 라는 옛말은 옳다. 정말 웃으면 복이 오고, 복이 오면 더 많이 웃게 된다. 그러므로 다음의 법칙이 성립된다.

'웃으면 복이 오듯 행복하면 성공이 온다.'

행복한 사람들은 바로 이러한 사람들이다.

재미있는 프로그램을 보여주고 30분 동안 즐겁게 웃게 만든 그룹과 심각한 내용의 영화나 다큐멘터리를 보여주고 30분 동안 심각하고 무겁게 만든 그룹을 비교한 실험이 있었다. 그 후 매우 어려운 문제들을 풀게 했다. 그런데 놀랍게도 30분 동안 즐겁게 웃은 그룹이 그렇지 못한 그룹보다 훨씬 더 문제를 잘 풀었다. 물론 이 두 그룹의 지적 능력과 수준은 거의 비슷한 조건의 학생들이었다.

이것을 통해 알 수 있는 매우 놀라운 사실은, 사람은 심각해지면 뇌가 경직이 되어 지적 능력의 100%를 발휘하지 못한다는 것이다. 궁지에 몰린 쥐가 고양이에게 덤비듯 사람도 궁지에 몰리게 되면 매우 어리석은 짓을 과감하게 저지르게 되는 것과 같은 이치다.

그렇기 때문에 크고 환하게 웃는 것은 우리의 뇌에 신선한 공기를 주입시키고 모든 뇌세포를 긍정적으로 만들어 평소보다 더 현명하게 만든다. 그러므로 크게 웃는 것은 매우 유익한 일이 아닐 수 없다.

행복한 사람은 절대 비교하지 않는다.

'비교는 행복의 종말이며 불만족의 시작이다.' <키에르 케고르>

행복한 사람이란 세상의 것들에 연연해하지 않는 사람이다. 그래서 타인과의 비교도 하지 않는다. 키에르 케고르의 말대로 '비교는 행복의 종말이며 불만족의 시작' 임을 잘 알고 있기 때문이다. 행복한 사람은 자신만의 길을 알고 자신만의 행복을 발견할 줄 안다. 타인에게 영향을 받지 않고 자신의 행복한 길을 기쁘게 걸어가는 것이다.

행복한 사람이 되기 위해서는 세상의 모든 것들로부터 초월할 수 있어야 한다. 그리 어렵고 거창한 애기가 아니다. 단지 미련을 버림으로써 가능하기 때문에 매우 큰 효과가 있다.

자신의 출세와 성공에 집착하는 사람은 과연 행복할 수 있을까? 절대 힘들다. 왜냐하면 출세와 성공에 대한 집착이 그 사람을 장악해 버려서 주인 노릇을 하기 때문이다. 그래서 욕심과 집착에 연연해하는 사람치고 행복하고 평화로운 사람은 있을 수 없다. 우리 인간은 몸뿐만 아니라 마음이 자유로워야만 행복을 발견할 수 있기 때문이다. 우리의 마음이 욕심과 집착에 매여 있다면 우리는 자유롭지 못하고 그 결과 불행하게 된다.

'하루를 살아도 행복하게' 의 저자인 안젤름 그륀은 다음과 같이 말한다.

"자기 자신에게 뭔가를 강요하고 지나치게 부담을 주는 사람은 스스로의 행복을 가로막는 사람이다. 지키지도 못할 다짐을 해놓고 언제나 마음 한구석에 꺼림칙한 가책을 느끼며 허겁지겁 쫓기는 삶보다는 적당하게 결심하고 자신과의 약속을 제대로 지키는 편이 훨씬 현명하다."

과시욕과 허영심의 노예가 되는 사람들은 참된 행복이 아니라 거짓 행복에 빠질 위험이 크다. 그들은 누리는 행복이 아니라 '보여주는 행복'에 목숨을 걸기 때문이다. 그로 인해 정작 자신은 불행하지만 거짓 행복의 모습을 남에게 보여주느라 노심초사한다. 이런 사람들은 과시욕과 허영심에 연연해하는 사람이다. 타인의 시선과 평가를 자신의 행복보다 우선시하는 사람이다. 이런 사람에게는 당연히 참된 행복이 찾아오지 않는다. 그래서 가짜 행복만 알게 되고 가짜 삶을 살아가게 된다. 그러므로 과시욕과 허영심에 연연해하지 말고 세상의 어떤 것에도 연연해하지 않아야 한다.

'우리는 사소한 것에 목숨을 건다'의 저자인 리처드 칼슨은 이러한 원리를 아주 간단명료하게 표현한다.

"첫째, 사소한 것에 연연해하지 마라. 둘째, 모든 것은 다 사소하다. 이러한 사실을 지신의 삶에 적용할 때 당신은 평화와 사랑이 충만한 모습으로 새롭게 태어날 것이다."

세상에 영원한 것은 태양 밖에 없다는 말이 있다. 하지만 태양도 영원하다고 장담할 수 없다. 눈에 보이는 것들 중에 영원한 것은 아무것도 없다. 그렇기 때문에 우리는 이 세상에 있는 것에 대해 연연해 할 필요가 없는 것이다. 성공만 향해 치닫는 인생은 덧없는 것이다. 성공을 위해 평생을 노력하고 수고한다 해도 성공한다는 보장도 없을 뿐만 아니라 하루아침에 모든 것을 잃을 수도 있기 때문이다.

하지만 하루하루를 행복하게 사는 사람들에게는 절대로 인생이 덧없는 것이 아니다. 적어도 행복한 인생을 누린다. 세상의 것들, 심지어 성공과 실패에도 연연해하지 않기 때문에 오히려 더 성공할 확률이 높으며 더 행복한 삶을 영위할 수 있기 때문이다.

행복한 사람들이란 성공을 하게 되면 그 성공을 통해 더 행복해지는 사람들이다. 실패하게 되면 그 실패를 통해서도 행복해지는 사람들이다. 성공과 실패라는 결과에 상관없이 여전히 행복할 수 있는 사람들이기 때문에 행복한 사람들은 세상의 어떤 것에도 연연해하지 않을 수 있다.

성공을 해서 많은 돈을 가지게 되어 더 좋은 집과 자동차를 구입한다 해도 몇 달 지나지 않아 곧 싫증을 내게 되는 것이 바로 인간이다. 좋은 집과 자동차로 인해 우리가 행복해 질 수 있는 시간과 정도는 일시적이며 한계가 있는 것이다. 바로 이것이 경제학에서 말하고 있는 '효용체감의 법칙'이다. 즉, 지나치면 부족함만 못하다는 과유불급의 원리가 우리의 삶에 그대로 적용되는 것이다.

아무리 좋은 것도 지나치면 효과가 떨어지고 부작용만 생긴다. 그러므로 적당히 할 줄 알아야 한다. 세상의 수많은 것들에 연연해하면 곧 정신질환자가 되고 만다. 많은 정신질환이 자신을 너무 사랑해서 발생하고 타인의 시선과 소리에 너무 민감하게 연연해하므로 발생하는 것이다.

그렇다고 아예 타인의 소리를 무시하라는 것은 아니다. 적당한 선에서 타인의 충고와 소리를 잘 듣고 자신의 삶에 자양분으로 삼는 것은 좋은 일이다. 하지만 자신의 마음에 상처를 받을 정도로 타인의 충고와 소리에 휘둘리게 되는 것은 삼가야 한다.

행복한 사람들은 과거의 삶에도 연연해하지 않는 사람들이다. 그래서 그들은 무엇보다 현재를 중시하고 현재를 붙잡으며 현재에 사는 사람들이다. 그래서 그들은 행복할 수 있는 것이다. 행복한 사람들은 자신의 실수에 대한 두려움이나 미래에 대한 두려움에 연연해하지 않는다. 그래서 남들보다 더 많은 실수를 하고 더 많이 넘어지지만 결코 그것에 연연해하지 않기 때문에 행복할 수 있는 것이다. 자신의 실수에 너무 연연해하는 사람들은 결코 용감하게 살아갈 수 없고 머뭇거릴 수밖에 없다. 다시 실수를 할까 두려워하기 때문이다. 그렇기 때문에 이러한 실수에 연연해하지 않고 최선을 다할 수 있는 사람이 바로 행복한 사람인 것이다.

행복한 사람들은 결과에 연연해하지 않는 사람들이다. 그래서 시합을 하고, 시험을 치고, 경기를 하는 그 과정 속에서도 행복으로 임할 수 있는 것이다. 결과에 너무 연연해하는 사람들은 시험 준비기간 동안 너무나 초조해하고, 조급해하고, 안절부절못한다는 사실을 알 수 있다. 하지만 결과에 집착하지 않고 시험의 준비를 즐기는 사람들은 더 준비를 잘하고 결과도 좋을 수밖에 없다.

행복한 사람들의 비밀은 물 흐르듯 인생을 살아간다는 것이다. 왜 물 흐르듯 살아가는 사람들이 행복할까? 흐르는 물은 앞을 다투지 않아도 저절로 흘러가기 때문이다. 하지만 우리 인생은 너무 심하게 앞을 다투며 흘러가기 때문에 갈등이 생기고, 욕심이 생기고, 집착이 생긴다. 그로 인해 물 흐르듯 흘러가야 할 인생이 경쟁에 치이고 집착에 치이는 초조한 인생으로 전락하게 되는 것이다.

행복한 사람들은 물이 흐르듯 그렇게 하루하루를 행복함으로 살아가는 사람들이다. 그래서 행복한 사람들은 어떻게 보면 조금 느리게 살아가는 듯 보인다. 조급해 하지 않기 때문이다. 한 순간에 일확천금을 노리지도 않는다. 욕심이 없기 때문이다. 자신의 분수에 넘치는 욕심을 날마다 없애기 때문이다. 하지만 이러한 사람들이 나중에는 크게 성공할 수 있는 것이다.

결론적으로 말해, 세상의 그 무엇도 우리를 행복하게 해 줄 수는 없다. 행복은 오롯이 자기 자신에게 달려 있기 때문이다. 그래서 행복한 사람은 돈이 있으면 있어서 행복하다. 그리고 돈이 없어도 행복하다. 이것이 행복한 사람들의 특징이다.

“우리에게 최고의 행복을 안겨주는 것은 자기 자신에 대한 봉사가 아니라 다른 사람을 향한 봉사이다.” < 톨스토이 >

제8장, 행복의 적은 탐욕이다.

'성공은 행복의 열쇠가 아니다. 행복이 성공의 열쇠다.' <슈바이처>

탐욕은 행복의 적이다

성공하면 반드시 행복해지는 것이 아니다. 오히려 불행해질 수도 있다. 왜냐하면, 한번 맛본 성공을 유지하기 위해 더욱 더 자신을 다그쳐야하기 때문이다. 그래서 성공한 사람 중에 오히려 더 불행하게 사는 사람들이 많은 것이다. 권력을 한번 맛본 사람은 권력의 노예가 되어 오히려 인생을 망치는 경우가 많다. 여기서 중요한 사실 한 가지를 기억해야 한다. 성공하면 많은 것을 소유하게 되지만 정작 중요한 것은 가질 수 없다.

"여러분은 돈으로 살 수 있는 모든 것을 가질 수 있습니다. 그러나 정말로 아름답고 가치 있고 탐나는 것은 돈으로 살 수 없다는 것을 깨달을 것입니다. 세상에서 가장 훌륭하고 아름답고 탐나는 것은 그 영혼을 대가로 지불해야 합니다. 사랑을 돈으로 살 수 없는 것과 마찬가지입니다. 순수한 영혼을 가지지 못한 사람, 선하지 않거나 선을 믿지 않는 이들은 가장 훌륭하고 고귀한 것이 무엇인지 알아낼 충분한 감수성을 갖지 못할 것입니다." <헤르만 헤세>

인류 역사상 성공을 거머쥔 그 많은 사람은 모두 행복했을까? 결론부터 말하자면 성공과 행복은 그리 밀접한 관련이 없어 보인다. 엄청난 성공을 했음에도 불구하고 너무나 불행한 삶을 살다 간 사람들이 적지 않기 때문이다. 반대로 성공이나 소유, 물질적 축복과는 전혀 어울리지 않는 피그미족들은 행복한 삶을 누리고 있다. 심지어 그들에게는 행복이라는 단어조차 없다. 그래도 그들은 행복하게 살아가고 있다. 다시 말해, 행복과 성공은 전혀 관련이 없다는 것이다.

서머셋 모옴의 재치가 돋보이는 문장을 살펴보자.

'성공이라고? 그게 내게 큰 영향을 줬다고는 생각하지 않는다. 과거의 나는 늘 그걸 희망했지만.'

그의 말을 토대로 성공에 대해 생각 해 보면 행복이란 것은 성공과 큰 관련이 없다. 단순히 서머셋 모옴의 주장에 불과할까? '내 사전에 없다.' 고 말한 나폴레옹은 어땠을까? 그는 이런 말을 남겼다.

"내 생애에 행복한 날은 단 6일 밖에 없었다."

세상을 정복했지만 그는 불행한 삶을 살았다. 즉, 행복하지 못 할 뿐만 아니라 불행했다는 것이다. 세상을 다 가졌고 모든 권력을 다 가진 그도 행복한 날은 겨우 단 6일이라고 했다. 이 대목에서 우리는 '목표 달성', '성취', '성공', '야망' 등과 같은 화려한 것들이 행복과 밀접한 관련이 없다는 것을 눈치 챌 수 있을 것이다. 세상에서 가장 부자로 평가 받고 있는 존 D. 록펠러의 경우는 어떤지 살펴보자.

상대적으로 역사상 돈을 가장 많이 소유했던 부자 존 D. 록펠러는 과연 행복했을까? 최소한 평균적인 사람들보다는 조금 더 행복하지 않았을까?

놀랍게도 그는 53세에 세계 최고의 갑부의 반열에 올랐다. 하지만 그는 자신이 가진 돈과 돈벌이 때문에 늘 불안감과 신경쇠약으로 고통을 받았다. 그 결과 심한 우울증과 불면증으로 고생하며 건강하지 못하게 살았다. 즉, 그는 늘 병약한 삶을 살았던 것이다. 그러니 당연히 행복하지 못했다. 설상가상으로 그는 세계 최고의 갑부가 된 50대 초반에 치명적인 불치병에 걸려 시한부 인생을 살아야 했다.

돈이 아무리 많아도 불치병에 걸려 생을 마감하게 된다면 그 인생이 어찌 행복하다 말할 수 있을까? 그는 다행히 인생의 끝자락에서 한 줄기 빛을 발견해 참된 행복의 길을 찾았다. 덕분에 불행한 성공을 행복한 성공으로 바꾸어 놓았고 불행한 삶을 행복한 삶으로 바꿀 수 있었다. 과연 불행한 인생을 성공적인 인생으로 변하게 만든 방법이 무엇이었을까? 그 방법은 이 책이 말하고자 하는 주제와 거의 일치한다. 록펠러의 극적인 삶의 대반전은 이러했다.

그는 불치병으로 인해 세계 최고의 갑부가 되었음에도 불구하고 부와 성공을 제대로 누리지도 못한 채 죽어야만 했던 사람이었다. 그러나 그는 죽기 직전에 참다운 행복이 무엇인지 발견했다. 그리고 그때부터 행복한 삶을 살고자 결심하고 행복한 사람이 되었다. 그 결과 그는 다시 건강을 되찾았고 행복을 누릴 수 있었다. 그리고 그 전에 없었던 참된 명예를 얻었고 결과적으로 행복과 성공을 모두 누리게 되었다.

그가 극적으로 발견한 행복한 삶을 통해 그는 나머지 43년, 즉 98세까지 누구보다 더 행복하게 살았다. 그 결과 우리는 존 D. 록펠러를 불행한 억만장자로 기억하는 것이 아니라 참된 성공을 거둔 행복한 사람, 행복한 부자로 기억하게 되었다. 그는 참된 행복을 찾은 후 이렇게 말했다.

"인생의 전반기 55년은 쫓기면서 살았지만 후반기 43년은 정말 행복하게 살았습니다."

록펠러의 사례와 비슷한 경우는 많다. 세계 최초의 백만장자였던 부동산 왕 존 제이콥 아스토르는 다음과 같은 충격적인 말을 남겼다.

"내가 세상에서 가장 비참한 사람이다."

그렇다. 백만장자가 된다 해도 노력 없이, 연습 없이 행복한 사람이 되는 것은 아니다. 돈이 아무리 많다고 해도 정말 중요한 것들은 살 수 없다는 것을 알아야 한다. 정말 중요한 것들은 돈이 아닌, 또 다른 중요한 것들로 얻을 수 있는 것이다. 괴테도 이 사실을 잘 알고 있었다.

'세상 모든 돈이 내게 있은들 무슨 소용이 있겠는가? 건강을 잃으면 다 부질없는데.'

아울러 인디언 추장 시애틀은 '돈으로 하늘을 살 수 있다고 생각하는가? 언젠가는 백인들도 돈을 먹을 수는 없다는 사실을 알게 될 것이다.' 라고 말했다. 결국 '돈으로 많은 것을 살 수 있지만 정작 중요한 것은 살 수 없는 것' 이다.

현대인들의 삶은 전투와 같다. 자신의 고지를 위해 목숨을 걸고 자신의 모든 가치 있는 것들을 다 포기해서라도 전투에서 이기려 한다. 그래서 육체적으로는 완전히 탈진상태이고 정신적으로는 고통스럽게 산다. 인생에서 가치 있는 것이 무엇인지 알지 못한다. 늘 안개 속을 거닐 듯하고 사막처럼 메마르게 산다. 애정결핍증과 행복집착증, 성공집착증에 걸린 듯 집착하며 산다. 즉, 현대인들은 전투 속에서 살아남기 위해 뒤도 돌아보지 않고, 옆도 보지 않고, 오직 앞만 보고 달려가고 있는 것이다.

하지만 그들이 성공이란 문턱에 도달했을 때 행복은 눈을 씻고 찾아봐도 없을 것이 뻔하다. 왜냐하면 오늘의 행복은 결코 내일 맛볼 수 없는 것이기 때문이다. 행복이란 시간과 함께 존재하는 것이다. 우리의 삶이 한 번뿐이듯 우리가 누릴 수 있는 행복은 시간과 비례하여 존재한다. 그래서 오늘의 행복은 결코 내일 살 수 없다.
성공을 해서 행복하다고 말하는 사람은 두 가지 종류이다. 첫 째는 행복을 오해하고 있거나, 아니면 참된 행복을 맛본 적이 없기 때문에 일시적인 만족과 성취감을 행복이라고 착각하는 것이다.

'성공이 행복을 보장해주지 않는 다.' 라는 행복학의 첫 번째 법칙을 좀 더 살펴보기 위해 역사적 사례와 전문가의 의견을 참고해보자.

'욕망' 이라는 심리학의 고유영역을 경제학에 접목한 공로로 2002년 노벨경제학상을 받은 미국 프린스턴대학교의 심리학과 교수인 대니얼 카네만은 행복에 이르는 가장 중요한 조건으로 아이러니하게도 '소소한 일상의 즐거움' 이라고 말했다. 즉, 행복에 이르는 가장 중요한 조건은 성공이나 야망, 부, 권력이 아니라 일상의 소소한 즐거움이라는 것이다. 이쯤에서 부와 성공이 행복과 그다지 연관이 없다는 사실을 뒷받침하는 행복지수에 대해 살펴보자.

우리나라는 아시아의 나라 중에서 그래도 잘사는 나라에 속한다. 이것은 GNP를 통해 알 수 있다. 하지만 아이러니하게도 우리나라의 행복지수는 최하위 수준이다. 다른 나라들의 경우를 봐도 잘산다고 무조건 행복한 것은 아님을 알 수 있다. 미국보다 GNP가 낮은 나라들이지만 미국보다 행복지수가 높은 나라들이 많다. 대표적인 나라가 덴마크, 핀란드와 같은 북미 유럽 국가들이다.

한 가지 재미있는 사실은 출세와 성공에 집착하여 경쟁이 심한 나라일수록 욕심이 많고, 그로 인해 더 불행하다는 것이다. 한국만큼 경쟁이 심한 나라는 없다. 어린 아이일 때부터 부모들의 교육열 때문에 아이들은 경쟁을 먼저 배우게 된다. 그래서 피곤하고 지친 삶을 살아간다. 그렇게 뼈 빠지게 공부를 해야만 행복해지고 성공할 수 있다고 세뇌를 당하는 것이다.

그러나 아이들은 너무나 불행하기 때문에 청소년 자살률 1위 국가가 되었고 어른이 되어서도 돈은 많이 벌고 소위 출세라는 것을 하지만 결국엔 불행하게 산다. 이혼율 1위 국가가 우리나라이고 OECD 국가 중에 가장 일을 많이 하는 나라가 우리나라다.

우리나라 국민은 너무나 똑똑하다. 국가별 지능지수 검사에서 거의 최고 수준이다. 그러나 그만큼 욕심도 많고 교육열도 대단하다. 그 똑똑한 머리로 어떻게 하면 세금을 적게 낼까, 어떻게 하면 탈세를 해도 걸리지 않을까

고민하고 연구하는 사람들이 많다. 대부분 부자들이 그렇다. 그러니 부자이면서도 불행한 삶을 사는 것이다.

이와 상반된 나라의 예를 들어보자. 바로 덴마크이다. 덴마크의 대부분의 서민들은 일해서 받은 월급의 50%까지도 세금으로 흔쾌히 낸다. 그러면서도 절대 정부를 탓하지 않고 불평도 하지 않는다. 하지만 그들은 우리보다 더 행복한 삶을 살고 있다.

이런 사례에서 우리는 한 가지 소중한 이치를 발견할 수 있다.

'행복은 소유에 있는 것이 아니라 나눔에 있다.' 라는 원리가 그것이다. 다시 말해, 행복은 돈이나 성공과는 무관하다는 점이다. 요컨대, 부와 성공은 우리에게 결코 행복을 보장해 주지 못할 뿐만 아니라 잘못된 부와 성공은 우리를 파멸로 이끌 수 있다. 갑부들이나 권력자들 중에 불행한 삶을 살다 간 사람들이 예상외로 많다는 사실을 통해 이미 잘 알고 있는 사실이다.

오늘 날만큼 인류가 풍요로운 시대를 살아가고 있는 시

대도 없었다. 풍요로움을 가늠하는 숫자상 지표들이 지금의 한국 사회만큼 상승했던 적은 없었다. 하지만 지금 한국 사회처럼 정신질환과 우울증으로 고통받고 있는 사람이 많아진 적도 없었다. 우리나라의 자살률과 이혼율이 이 사실을 정확하게 대변해 주고 있다. 즉, 성공과 행복 사이에 괴리가 있다는 것이다.

보스턴 대학의 철학 교수인 피터 크리프트는 매우 충격적인 말을 던졌다.

"당신이 부유해질수록, 당신 가족이 부유해질수록, 나라가 부유해질수록 머리에 총을 쏠 가능성이 높아진다."

우리나라만 봐도 그렇다. 십년 전, 이십 년 전과 비교해 볼 때 우리 사회는 매우 부유해졌다. 하지만 이혼율과 자살률도 훨씬 높아졌고 정신과 치료를 받아야 하는 사람들도 매우 많아졌다.

20대에 영화제작자로서 세계적인 억만장자가 되었던 하워드 휴즈는 돈과 명예, 젊음, 이 모든 것을 소유한 사람이었다. 하지만 그는 세상에서 가장 불행한 사람들 중 한 명으로 살다가 생을 마감했다. 그는 심한 결벽증과 불안으로 고통스러운 삶을 살았다. 심지어 말년에 정신병에 걸려서 매우 비참하게 살아야 했다. 그는 외부와 차단된 유리 벽 안에서 고독하게 갇혀 살았다. 그가 죽자 아무도 울어주지 않았다. 조문객의 수가 불과 10명도 되지 않았던 것이다. 억만장자였지만 그는 결코 행복한 삶을 살지 못했다. 결국 성공과 부는 결코 행복을 가져다주지 못하는 것이다.

미국의 석유왕 폴 게티 역시 마찬가지였다. 그가 말년에 영국에 있을 때 신문 기자가 다음과 같이 물었다.

"폴 게티 씨, 당신은 행복한 삶을 살았습니까?"

그러자 폴 게티는 버럭 화를 내며 다음과 같이 말했다.

"행복이 도대체 어디 있어?"

아무리 돈이 많아도 행복이 도대체 무엇이고, 어디에 있는지도 모르는 사람들이 생각보다 많다. 이러한 사실을 통해 볼 때 행복은 소유와 성공과 관계가 없다는 사실이 분명해진다..오리슨 스웨트 마든은 자신의 저서 '부를 노래하라' 라는 책을 통해 다음과 같이 말했다.

"돈이 많다고 해서 행복을 보장해 주는 건 아니다. 우리가 부자가 될 수도 있고 가난한 사람이 될 수도 있는 것은 우리가 얼마나 재산이 많이 있는가가 아니라 어떤 사람인가에 의해서 결정되는 문제이기 때문이다."

'몰입(원제:flow)' 의 저자인 미하이 칙센트미하이도 이와 비슷한 말을 했다.

"사회가 조종하는 쳇바퀴에 갇힌 사람은 늘 보상을 향해 뛰지만 막상 손에 쥐면 보상은 사라져 버린다."

그의 말처럼 우리는 우리가 만들어 놓은 사회와 경쟁 속에서 사회가 요구하는 사람으로 길러지면서 경쟁하도록 조종을 당하며 살고 있다. 날마다 쳇바퀴에 갇힌 사람으로 살면서 성공과 출세, 명예와 인기라는 보상을 향해 쉼없이 달리지만 정작 그러한 것들은 허상에 불과하다는 사실을 뒤늦게야 발견하곤 한다.

성공이 절대 행복을 보장해 주지 못하는 이유는 욕심과 비교심리, 그리고 무엇보다 적응을 쉽게 해버리는 적응 능력 때문이다. 그러므로 욕심을 완전히 버릴 수 있다면 지금보다 훨씬 더 행복해질 수 있을 것이다.

하지만 그렇게 하지 못하기 때문에 성공을 아무리 해도 행복해질 수 없다. 보다 더 큰 성공을 향해 쾌락의 쳇바퀴를 날마다 굴리며 사는 삶이 바로 우리의 자화상인 것이다. 이러한 '쾌락의 쳇바퀴' 이론은 부자가 되면 될수록 기대는 더욱 더 높아지게 되므로 오히려 큰 부자들이 더 심한 공황 상태에 빠지게 될 가능성이 높다. 이러한 현상이 나타나는 이유는 행복을 성공의 종속변수라고 생각하고 있기 때문이다. 즉, 성공하고 많은 재산을 벌면 그만큼 더 만족할 수 있고 행복할 수 있다고 착각하기 때문인 것이다.

그러나 '부와 성공은 결코 우리에게 행복을 보장해 주지 못한다.' 라는 사실을 명심해야 한다.

성공의 법칙은 늘 변한다

자기 계발의 위대한 학자들은 자신도 속이고 타인도 속이고 있다. 능력이 있다고 다 성공하는 것이 절대 아니기 때문이다. 그리고 열심히 한다고 해서 또한 성공하는 것도 아니기 때문이다. 대부분의 성공학 도서들은 자기기만에 빠져있다. 그냥 듣기 좋은 말만 하고 있는 것이다.

물론 꿈을 품고, 목표를 세우고, 열심히 노력하고, 포기하지 않으면 성공할 수 있는 경우가 있다. 그러한 시대도 있었다. 하지만 이제는 확률이 매우 낮아졌다. 왜냐하면, 세상이 우리 생각보다 훨씬 더 빨리 움직이고 있기 때문이다.

불행한 인류가 스스로 선택한 성공법칙은 내일의 성공을 위해 오늘은 불행을 선택한다는 것이다. 오늘은 참고 인내하면서 내일의 성공을 위해 노력하고 희생하는 것이다.

이러한 성공법칙은 자신의 고유한 개성과 특성을 버리고, 다른 사람의 습관을 가지고, 자신만이 잘할 수 있는 것을 찾지 말고, 남들과 같은 꿈을 가지고, 목표를 수립하고, 원칙대로 살라고 강요한다. 그러나 타인의 삶을 살아 성공한들 무슨 소용이 있을까? 그런 성공은 절대 내 것이 아니다. 그러니 자신을 버리지 말고 자신의 삶을 살아라. 68억 인구 중에 가장 자기다운 사람은 자신뿐이다.

성공의 법칙은 시대를 따라 함께 변하는 것이다. 열심히 일하고, 꿈을 꾸고, 투혼을 심고, 열정을 가지고, 능력이 있고, 재능이 있는 사람은 모두 다 성공할까? 절대 아니다. 세계 인구의 1퍼센트만이 세계적인 부자가 된다. 평생 동안 뼈 빠지게 일을 하고 숨 가쁘게 달려가지만 정작 인생의 끝자락에서 우리를 반기는 것은 행복과 성공이 아니라 슬픔과 가난뿐이다. 연구 조사 결과 단지 8퍼센트의 남자와 2퍼센트의 여자만이 재정적으로 겨우 독립

할 수 있다고 한다. 그리고 이렇게 선택받은 사람들마저 재정적인 문제 외에는 그다지 행복하지 않다.

68억 인구 중에서 단지 1퍼센트의 사람만이 부자가 된다. 나머지 99퍼센트의 사람 중에 열심히 일하고, 꿈을 꾸고, 투혼을 심고, 노력하고, 열정을 품은 사람이 과연 없는 것일까? 아니다. 대부분의 사람들이 열심히 살고 노력했던 사람들이고 그 중에는 엄청난 재능과 실력까지 있는 사람들도 많다. 그런데도 행복과 성공을 모두 움켜잡은 사람은 극소수에 불과하다.

자기 계발의 위대한 스승들은 '꿈을 꾸면 반드시 이루어진다.' 고 주장한다. '열심히 노력하면 반드시 성공한다.' 고 강조하기도 한다. 혹은 '열정을 품고, 포기하지 않으면 반드시 이루어진다.' , '신념을 가지고 명확한 목표를 가지게 되면 이루어진다.라고 말한다.

물론 꿈과 노력, 성실과 끈기, 인내와 목표, 신념과 열정은 성공을 하기 위해 필요한 요소들이다. 하지만 그것만으로는 성공할 수 없다. 성공하고 싶다면 우리는 행복해지는 법을 배우고 연습해야 한다.

지금까지 수많은 성공학 도서들은 성공의 가장 큰 비결로 다음과 같은 것들을 내세웠다. '열정, 끈기, 꿈과 비전, 긍정적인 생각, 좋은 영향을 주는 습관.' 등이 그것이다.

최근에는 '유머, 화술, 인간관계' 등도 성공의 비결로 내세우고 있다. 하지만 이러한 법칙들과 기술들을 실천을 한다 해도 성공은 요원하기만 하다. 왜냐하면, 성공의 법칙은 68억 인류의 지문이 모두 다르듯 각자에게 다른 결과를 나타내기 때문이다. 그리고 어제의 법칙과 방법이 오늘부터는 효과가 없는 진부한 방법이 되어 버릴 정도로 시대는 빠르게 변화하고 있다. 즉, 사람이 모두 다르다는 사실과 시대가 너무나도 빨리 변하고 있다는 이 두 가지 사실 때문에 성공의 법칙 또한 시대에 따라 달라야 하는 것이다.

지금까지는 '어떻게 하면 성공할 수 있을까? 어떻게 하면 우리가 가진 잠재능력을 100% 활용할 수 있을까?' 하는 것에서 성공의 비결을 찾으려 했다. 그래서 세계적인 동기부여가이며 '네 안에 잠든 거인을 깨워라' 의 저자인 앤서니 라빈스는 미국의 뉴욕 메디슨 스퀘어 가든에서 수만 명의 청중에게 '어떻게 하면 삶을 보다 열정적으로 살 수 있을까? 어떻게 하면 잠재능력을 100% 활용할 수 있을까?' 라는 주제로 강연을 했다. 그는 이 강연을 통해 어마어마한 수입을 올렸다고 한다.

하지만 이제는 주제가 바뀌고 있다. 이제 우리가 집중해야 하는 주제는 '어떻게 하면 삶을 보다 행복하게 살 수 있을까? 어떻게 하면 우리는 100% 행복하게 살수 있을까?' 라는 주제가 그것이다.

과거의 성공법칙이 열정과 능력에 달려 있었다는 것은 부인할 수 없는 사실이다. 하지만 이제는 근면 성실을 통한 능력과 꿈과 비전을 통한 열정이 아니라 웃음과 유머, 인간관계가 더 중요한 시대가 되었다. 즉, 무엇을 할 수 있느냐보다는 어떤 사람이냐, 어떻게 사느냐, 행복한 사람이냐, 유쾌한 사람이냐, 재미있는 사람이냐에 따라 성공여부가 달라지는 것이다. 다시 말해, 이제는 행복이 경쟁력인 것이다. 우리는 이제 행복한 사람이 성공하는 시대에 살고 있음을 확실하게 깨달아야 한다. '무엇을 할 수 있는 사람' 보다는 '어떻게 사는 사람인가' 가 더 중요한 시대인 것이다.

과거에는 전문가의 시대였다. 그래서 남들이 못하는 전문적인 기술이나 지식만 가지고 있다면 대부분 쉽게 성공할 수 있었다. 그래서 '무엇을 할 수 있는 사람인가'가 성공의 기준이 되었고 성공의 법칙이 되었다. 그만큼 단순한 시대였고 복잡하지 않은 시대였다. 변화의 흐름이 오늘날보다 작았고 오늘날보다 늦었다. 즉, 과거는 고정적인 시대, 예측 가능한 시대였기 때문에 전문가 자격증 하나만 있으면 평생 동안 어느 정도 성공과 생존이 가능했던 시대였다.

하지만 지금은 전문가가 넘치는 시대다. 또한 변화의 속도와 크기가 빠르고 크다. 그래서 전문 자격증 하나만 가지고는 평생 생존과 번영을 보장할 수 없다. 그래서 중요한 것은 '무엇을 할 수 있는 사람인가'가 아니라 '어떻게 사는 사람인가'이다.

유쾌하고, 재미있고, 유머가 넘치는 사람 주위에는 언제나 사람들이 끊이지 않는다. 그만큼 인간관계가 폭 넓고, 다양해지고, 깊어지고, 넓어진다. 이러한 사람들이 복잡하고 변화가 심한 이 시대에 훨씬 더 성공할 확률이 높기 때문에 최근에 나온 수많은 성공학 도서들은 인간관계와 밀접한 관련이 있는 '유머'를 경쟁력의 열쇠로 소개하고 있다. 유머는 이제 성공 키워드인 것이다. 예를 들면, '유머가 이긴다'나 '유머가 통한다', '유머 에너지'와 같은 책들이 등장하고 인기를 끌고 있다.

이런 책들이 자주 언급하는 연구 조사 결과가 있다. 바로 유머와 연봉의 비례관계에 대한 연구조사이다. 그 책들은 유머를 구사하는 빈도수와 연봉 등급이 비례한다고 밝히고 있다. 그리고 크게 성공한 사람들은 대부분 유머를 좋아하고 유머를 잘 구사하는 사람으로 평가받고 있다.

과거에는 근면 성실하게 일만 하는 사람이 가장 큰 미덕이며 실없는 우스갯소리를 하는 사람은 별 볼일 없는 싱거운 사람으로 멸시를 받았다. 하지만 이제는 죽도록 일만 하는 사람들이 절대 성공하지 못하는 시대이다. 시대가 그만큼 복잡다단해졌기 때문이다. 혼자서 해낼 수 있는 일의 범위와 정도가 매우 작아진 분업화의 시대를 지나왔기 때문이다.

과거에는 중요하다고 생각지도 않은 유머가 이 시대에는 얼마나 크게 부각되고 있는지 알려주는 여러 사례들이 있다. 삼성경제연구소는 CEO들의 80%가 채용시에 유머와 위트가 있는 지원자를 우선 채용하겠다는 의사를 밝혔다고 발표했다. 유머와 위트가 있는 지원자들은 그만큼 일도 잘할 뿐만 아니라 조화로운 팀워크를 유지할 수 있다고 판단하는 것이다. 능력이 비슷해도 유머가 없는 사람보다는 유머가 있는 사람이 더 좋은 업무성과를 창출해낼 수 있다는 결론이다.

또한, 미국의 과학전문 웹사이트 라이브사이언스는 건강한 뇌를 유지하는 방법 10가지 중 하나로 유머를 꼽았다. 즉, 유머가 없는 사람보다 유머가 있는 사람이 뇌를 더 건강하게 유지할 수 있다는 것이다. 그렇기 때문에 더 영리하게 일을 할 수 있고 선택의 연속인 인생에서 더 현명한 선택을 할 수 있다. 그것은 보다 나은 삶을 영위해 나갈 수 있는 유리한 고지에 있는 셈이다.

포춘지가 선정한 세계에서 가장 일을 잘하고 가장 창조적인 CEO인 스티브 잡스는 자신의 성공 비결로 끈기, 상상력, 유머를 꼽았다. 이 사실을 통해 유머는 이제 빠질 수 없는 성공의 비결임을 알 수 있다.

시대가 바뀌면 일하는 방식도 바뀌고 추구하는 목표와 지향점도 달라진다. 과거 산업 사회에서는 남들보다 더 빠르게, 더 많이 생산하는 기업들이 성공하고 번영하는 시대였다. 이때는 효율성이 가장 중요한 키워드였다. 그래서 쉬지 않고 일하고 효율성이 좋은 집단과 개인이 최고의 경쟁력이었다. 그 시대는 꿀벌의 시대였고 진보의 시대였다. 이 시대에 성공하는 사람은 혁신적이고 기발한 사람들이 아니라 주어진 길을 그저 묵묵히 걸어갈 줄 알았던 사람들이었다. 어제 했던 그 방식을 오늘도 그대로 하고 내일도 그대로 하면서 생산성과 효율성만 향상시켜나가는 장인 정신을 가진 사람들이 성공하던 시대였다.

하지만 이제 우리는 새로운 시대, 즉 과거와는 전혀 다른 시대에 살게 되었다. 바로 변화와 혁신의 시대이고 감성과 창조의 시대이다. 우리가 맞이하는 시대는 전혀 예측 불가능한 시대이고 매우 불연속적이며 유동적이다. 그래서 과거에 누군가가 지나갔던 그 길을 그대로 답습하게 되면 결코 성공할 수 없다. 그래서 성공의 키워드는 과거와는 다른 전혀 새로운 것들이다. 그러한 것들을 먼저 활용하고 법칙으로 삼는 기업과 개인이 성공하는 시대인 것이다.

요즘의 시대에 일반화된 대학 교육을 마다하고 남들이 가지 않는 길을 간 사람들은 어쩌면 무모하게 보일 수도 있다. 하지만 그들은 현재 세계 최고의 갑부가 되었고 세계에서 가장 일 잘하는 창조적인 CEO가 되었다. 이들은 바로 빌 게이츠와 스티브 잡스이다.

시대가 바뀌면 기업들이 선택해야 할 전략도 변화와 흐름에 맞추어야 한다. 그러한 사실을 일찍이 설파한 게리 해멀은 그의 탁월한 혜안과 통찰력으로 '꿀벌과 게릴라' 라는 책을 통해 게릴라기 되어야 한다고 주장했다. 그는 2008년 월스트리트 저널이 선정한 세계 경영인 20인 중의 1위에 올랐다. 그는 몇 년 전에만 해도 성공의 법칙이고 성장 도구였던 혁신이 이제는 단순히 생존 수단이 되었다고 말한다.

"시대가 바뀌면 성공의 법칙도 따라서 바뀐다."

노동의 양과 성공이 비례했던 시대도 있었고 지식의 양과 성공이 비례했던 시대도 있었다. 그리고 타고난 신분이 평생의 성공과 비례했던 시대도 있었다. 하지만 이제는 이러한 모든 것들이 성공과 비례하지 않는다. 예외적이고 예측 불가능한 것이 성공을 거두는 시대가 되었다.

과거에는 일만 하는 개미와 베짱이의 이야기가 진실이었고 성공의 법칙에 대한 교과서였다. 그러나 그 이야기는 이미 과거의 유산이 되어버렸다. 열심히 일만 하는 사람은 절대로 성공할 수 없는 시대가 되었고 노래를 잘하는 베짱이처럼 재능이 있고 그것을 발견하여 세상에 내놓는 사람이 성공하는 시대가 되었다. 그리고 이러한 시대를 넘어 차원이 다른 성공의 비결이 나타나고 있다. 과거에는 멸시를 받던 우스갯소리, 즉 유머라는 것이 이제는 엄연한 성공의 요소가 되어 당당히 다른 조건들과 경쟁하는 시대가 되었다.

누군가가 이러한 법칙을 십 년 전에 했다면 사기꾼이라고 몰아세웠을 것이다. 하지만 최근의 많은 연구결과들이 하나같이 주장하고 있는 사실은 유머가 경쟁력이며 성공하기 위해 반드시 필요한 요소라는 것이다. 이제 누구나 알고 있는 사실이다.

확실히 세상이 달라졌다. 그리고 지금도 엄청나게 달라지고 있다. 과거에는 열심히 노력하면 그만큼 잘살게 되었고 행복할 수 있었다. 하지만 지금은 열심히 노력해도 가난에서 벗어날 수 없는 '워킹푸어'가 존재하는 시대이다. 그리고 성공을 해서 돈을 많이 벌어도, 명예를 많이 얻어도, 인기를 한 몸에 받게 되는 대스타가 되어도 삶은 고달프고, 힘겨워, 스스로 목숨을 버리는 연예인들과 부자들이 늘어나는 시대가 되었다. 더 중요한 것은 과거에는 스마트하고, 똑똑하고, 능력이 있고, 학습 능력이 뛰어난 것이 성공의 법칙이었다. 하지만 이제는 점점 더 '바보'와 같은 사람들이 크게 성공하는 시대가 되었다.

베스트셀러 작가인 차동엽 신부는 '바보zone'이라는 책에서 다음과 같이 예찬했다.

"바보처럼 꿈꾸고, 바보처럼 상상하며, 바보처럼 모험하라."

바보들처럼 한 분야에서 우직하게 몰입하며 타인과 세상의 관습을 거부하고, 타협을 하지 않고, 끝까지 밀어붙일 수 있는 그러한 바보스러움이 큰 성공을 이끌어낸다는 것이다.

다른 예를 들어보면, 세상이 달라졌음을 알 수 있는 광고들과 미디어들이 넘쳐나고 있다. 그 중에서 요즘 이슈가 되고 있는 광고가 바로 이탈리아의 패션브랜드 디젤이 내 보내는 'Be stupid!' 광고시리즈이다.

'스마트한 이들에겐 명석한 두뇌가 있지만 바보들에겐 배짱이 있지.(Smart may have the brains, but stupid has the balls)'

'스마트한 이들은 어쩌다가 아이디어를 하나 내지. 그런데 그 아이디어는 결국 바보스럽지.(Smart had one good idea and that idea was stupid)'

'스마트한 이들은 무엇인지를 보지만 바보는 무엇이 가능한지를 보지.(Smart sees what there is, stupid sees what there could be)'

'스마트한 이들은 no라고 말하지만 바보들은 yes라고 말하지.(Smart says no, stupid says yes)'

'스마트한 이들은 머리로 듣지만 바보들은 가슴으로 듣는다.(Smart listens to the head, stupid listens to the heart)'

'스마트한 이들은 계획을 하지만 바보들은 행동을 하지.(Smart plans, stupid improvises)'

'스마트한 이들은 비평을 하지만 바보들은 창조를 하지.(Smart critiques, stupid creates)'

'스마트한 이들은 정답을 가지고 있지만 바보들은 흥미로운 질문들만 갖고 있지.(Smart may have the answers, but stupid has all the interesting questions)'

이러한 패러다임의 변화는 모든 분야에서 일어나고 있

다. 과거에는 한 우물을 파는 사람이 결국에는 승리했지만, 지금은 다양한 분야를 폭넓게 아는 사람이 훨씬 더 각광을 받는 사회가 되었다. 과거에는 80대 20 법칙, 즉 '파레토 법칙' 이 정석인 시대였지만 이제는 '롱테일 법칙' 이 더 정석이 되어가고 있다.

확실히 세상이 달라졌다. 그리고 삶의 양식과 인간의 패러다임 역시 달라졌다. 그리고 성공의 법칙도 달라졌다.

행복이 사는 곳

행복한 사람은 날마다 행복하게 살아가는 사람이다. 그래서 행복을 좇지 않는다. 그렇다고 성공에 집착하지도 않는다. 그래도 행복하다. 행복한 사람들은 지금 이 순간 최선을 다한다는 것이 무엇인지 잘 아는 사람들이다. 결코 과거나 미래에 매여 살지 않는 자유로운 사람들이다.

행복한 사람들은 결코 이기적이지 않으며 언제나 자신보다 남을 먼저 행복하게 해주는 사람들이다. 그렇기 때문에 가정에서는 가족들과 가정을 위하는 사람이고 직장에서는 동료들과 회사를 위하는 사람이다. 그래서 어디에 가든 꼭 필요한 존재이다.

행복은 현금(現金)에 좌우되는 것이 아니라 현금(現今)에 좌우 된다. 불행의 해결책은 돈이나 성공이 아니라 바로 행복이다. 행복을 경험해 본 사람이 행복을 만들 줄도 안다.

행복한 사람은 행복을 좇지 않지만 행복하다. 어떠한 환경 속에서도 우리가 행복할 수 있는 단 한 가지 이유는 지금 이 순간 인간으로 존재한다는 것, 그것이 아무리 힘들고, 어렵고, 기가 막힌 상황이라고 해도 모든 것을 초월하여 기뻐하며 행복해할 수 있기 때문이다. 왜냐하면, 인간의 삶을 단 1초라도 살아볼 수 있다는 사실은 정말로 행운이고, 신의 축복이고, 최고의 행복이기 때문이다.

즉, 우리에게 주어진 삶 자체가 바로 크나큰 행복이며 행복의 이유인 것이다. 세상은 우리에게 말한다. 인생은 고해이며, 고난의 연속이며, 전쟁터라고. 하지만 이 책은 말한다. 인생은 행복이며, 행복의 연속이며, 즐겁고 유쾌한 여행이라고.

우리는 우리 자신이 만드는 생각의 감옥 속에 갇혀 산다. 그렇기 때문에 고삐가 소를 이끌 듯 우리가 품는 생각은 우리를 이끈다. 그래서 삶이란 짧은 행복의 순간이 잠깐씩 끼어드는 고통의 기나긴 연속이라고 생각하는 사람에게 삶은 정말로 그런 것이다. 하지만 삶이란 짧은 고통의 순간이 잠깐씩 끼어드는 행복의 기나긴 연속인 것이라고 생각하는 사람들에게 삶은 정말로 행복하다.

우리가 불행하게 살고 있는 최대의 원인은 우리의 잘못된 마음이다. 욕심으로 가득 찬 마음 때문이다. 즉, 잘못된 것은 우리의 가난이나 실패가 아니라 전적으로 우리의 마음이다. 그리고 그 잘못된 우리의 마음이 기능하여 우리에게 영향을 끼친다.

우리에게 주어진 인간이라는 삶에 대해 우리는 감사함으로 바라 본 적이 있는가? 우리는 꿈을 품고, 목적을 가지고, 열심히 노력하고, 포기하지 않았기 때문에 만물의 영장인 인간으로 태어날 수 있었을까? 절대 아니다. 우리에게 주어진 인간으로서의 삶과 오늘이라는 이 시간은 우리가 공짜로 받은 선물이고 축복이며 은혜이다.

그것도 문화와 문명이 발달하고 인권과 안전이 가장 잘 보장된 현대사회에 태어났다는 것은 정말 축복이다. 게다가 전쟁을 경험하지 않은 세대로 태어나서 문명의 이기와 호사를 누리고 사는 것에 대해 감사해야 한다. 돈을 지불하고 이 시대에 태어난 것이 아니다. 돈으로 지불해야 한다면 평생 벌어도 부족할 것이다. 그렇다고 인간으로 태어나기 전에 엄청난 노력을 하고 꿈을 꾼 것도 아니다. 그저 주어진 선물이며, 값비싼 은혜이며, 행운이며, 축복이며, 행복 그 자체이다. 우리에게 부여된 인생은 본질적으로 선물인 셈이다.

그렇기 때문에 우리는 주어진 선물인 인생을 행복하게 성공적으로 살아가야 한다. 하지만 정작 행복하게 살기 위해 오늘의 행복을 포기하고 뒤로 미루는 사람들이 너무 많다. 이것은 또 다른 행복의 노예 생활이고 자기기만이 아닐 수 없다. 과거에 저질렀던 시행착오를 되풀이 하는 것이다.

행복(幸福)이라는 한자어에서 행(幸)은 다행스러울 행이다. 즉, 한자어를 통해 유추해 보면 다행스러운 복이라는 뜻이다. 하지만 행복이라는 현대적 의미는 많은 변천을 통해 다른 의미로 변하게 되었다.

18세기 경제학자이며 철학가인 애덤 스미스는 '인생의 진정한 행복이라는 면에서 볼 때 빈곤 계층이 부유층 사람들보다 절대 뒤떨어지지 않는다.' 고 말했다. 심리학자인 데이비드 마이어스는 자신의 논문 '누가 행복한가?(원제: who is happy?)' 라는 논문에서 '행복과 삶의 만족은 남녀노소, 흑인과 백인, 부자와 노동자를 막론하고 누구나 비슷하게 느낀다.' 라고 했다. 러시아의 대문호 톨스토이 역시 '안나 카레리나' 의 첫 문장을 다음과 같이 시작했다.

'행복한 가정은 모두 비슷하다. 그러나 불행으로 가득찬 가정은 모두 그 나름대로의 이유 때문에 불행하다.'

행복한 사람들은 왜 행복을 좇지 않을까? 그것은 행복을 좇는 사람들은 대개 행복하지 못하기 때문이다. 아이러니하게도 행복을 좇지 않는 사람들이 더 행복하게 산다. 그 이유는 무엇일까? 행복을 좇는다는 것은 결국 자신의 행복을 좇는 것이다.

자신의 행복을 좇는다는 것은 타인보다 자신을 먼저 생각한다는 뜻이다. 이렇듯 자신을 먼저 생각하고 자신의 행복에 마음을 쓰는 사람들은 대개 이타적인 사람들이 아니다. 그렇기 때문에 행복하기가 그토록 힘든 것이다. 하지만 행복한 사람들은 대개 자신보다 타인을 먼저 생각하기 때문에 자신의 행복을 좇을 시간이나 여유가 없다. 게다가 그렇게 할 마음조차 없다.

'자신에게만 마음을 쓰고 모든 것을 나에게 얼마나 쓸모가 있는가의 관점에서만 생각하는 사람은 행복한 삶을 살 수 없다.' <세네카>

세네카의 말처럼 자신에게만 마음을 쓰고 자신의 행복과 유익만 관심을 두는 사람은 행복할 수 없다. 행복이란 것은 이기심에서 비롯되는 것이 아니기 때문이다.

긍정 심리학의 창시자인 마틴 셀리그만은 행복 공식이라는 것을 창안해 발표했다. 그가 만들어낸 행복 공식은 이것이다.

행복(H) = 설정값(S) + 조건(C)+ 자발적 활동(V)

우리가 느끼는 행복 수준은 우리가 태어날 때 미리 정해져 있는 생물학적인 설정값(SET POINT)이 50% 정도를 차지하고 나머지는 삶에 형성되어 있는 여러 삶의 조건(CONDITIONS)과 우리가 행동하는 자발적 활동(VOLUNTARY ACTIVITIES)에 의해 결정된다는 것이다. 이 공식이 전적으로 옳다고 생각하지는 않지만 행복을 좇아가는 사람은 오히려 행복할 수 없다는 사실을 반증하는 공식이기 때문에 의미가 있다.

그가 주장하는 행복 공식은 행복을 무작정 좇아간다고 행복 수준이 향상되는 것이 아니라 이미 태어날 때부터 설정된 값과 현재의 자발적 활동에 의해 결정되기 때문에 하루하루 최선을 다하여 실천하며 활동하는 사람들의 행복 수준이 향상된다는 것이다.

행복을 좇지 않지만 마냥 행복한 집단이 있다. 그들은 아마존 밀림에 거주하는 피다한족(族)이다. 이 부족의 사람들은 모두 행복하다. 하지만 행복이라는 말조차 없으며 행복하기 위해 최소한의 조치, 즉 음식을 저장하거나 내일의 행복을 위해 인생의 계획을 세우는 등의 일조차 하지 않는다. 그러나 어쨌든 행복하게 살아가고 있다는 것이 MIT 연구원들의 조사 결과 확인되었다.

피다한 사람들은 세상에서 가장 쾌활하고 낙천적이었다. 폭풍우에 오두막이 쓰러져도, 물고기를 많이 낚았을 때도, 물고기를 하나도 낚지 못했을 때도 그들은 항상 웃었다. MIT 두뇌인지과학부 연구원들의 조사 결과, 피다한 사람들이 세상에서 가장 행복한 사람들이라는 사실을 알아냈다. 피다한 사람들의 평균적인 웃는 시간이 그 이전에 측정한 다른 집단보다 현저하게 높았던 것이다.

그들의 웃는 시간은 세상의 어떤 집단보다 높았고 이들은 평생 통곡하지 않는다. 심지어 가족이 죽어도 통곡하지 않는다. 때가 되었으니, 자연으로 돌아갔다고 생각하기 때문이다. 이들에게는 죄의식도 없으며 죽음에 대한 개념조차 희박하다. 특히 이들에게는 소유라는 개념이 없다. 그래서 저축이나 저장이 무엇인지 모르고 하지도 않는다.

이들은 참으로 단순한 삶을 살고 있다. 하지만 언제나 즐겁게 웃으며 행복하게 살아가고 있다. 이처럼 정말로 행복한 사람들은 행복을 좇지 않는다. 이 세상에서 가장 행복한 이들은 아무것도 가지지 않은 사람들이라는 사실을 통해 우리는 깨달아야 한다. 소유나 물질이 행복을 증가시켜 주는 것이 아니라는 사실을.

지금까지의 행복론, 성공론은 미래의 행복과 성공을 위해 현재의 행복을 포기하고, 희생하고, 인내하라는 것이었다. 하지만 이제는 그래서는 안 된다. 오늘의 행복을 최대한 누리고 기뻐하며 재미있게 살아야 미래의 행복과 성공도 장담할 수 있다. 이러한 새로운 행복론, 성공론이 바로 '행복학'이다.

지금까지의 행복론, 성공론은 행복과 성공을 좇는 인간을 만들어왔다. 그러나 이제는 행복과 성공이 좇아오게 만드는 새로운 행복론, 성공론이 필요하다.

" 오늘의 행복은 오늘까지가 유통기한이다. "

내일로 미루지 말라. 성공하기 위해 인내하고 참으며 살아왔던 날들은 오늘의 웃음을 내일로 미루는 것이었다. 이러한 방식은 성공에 대한 집착과 욕심 탓에 마음에 평화가 없다. 이것은 행복이 아니며 찰리 채플린의 말처럼 '웃지 않고 보낸 날들이기 때문에 실패한 날들' 이다. 즉, 성공을 하기 위해 보낸 시간들이 실패한 시간들이 되어 버린 것이다. 결국 실패해서 실패하는 것이 아니라 성공 때문에 실패하는 삶을 살아가고 있다. 이것이 지금까지의 실상이다. 특히 우리나라에서는 이러한 현상이 더욱더 심했다.

성공이란 목표는 우리에게 방향을 제시해줄 뿐이다. 목표가 달성되었다고 해서 행복이 함께 찾아오는 것은 아니다. 목표에 도달하기까지 그 과정과 여정은 전혀 즐기지 못한 채 오로지 목표에만 집착하고 전력을 기울이는 사람이 있다면 그 인생은 도대체 언제 행복할 것인가?

마찬가지로 사람 중에는 진정으로 과정을 즐길 줄 아는

사람과 노력만 하는 사람이 있다. 전자와 후자의 차이는 겉모습에서는 쉽게 찾을 수 없지만 시간이 흐른 후의 그 결과는 하늘과 땅 차이만큼 크다. 아무리 노력하고 아무리 큰 재능이 있어도 즐기는 사람을 당해낼 수 없기 때문이다. 과정을 즐길 때 무한한 에너지와 힘, 재능이 생겨나기 때문이다.

오늘 즐길 줄 알고 행복할 줄 아는 사람에게는 무한한 에너지와 능력, 재능이 생겨난다. 목표 달성 후로 행복을 미루는 사람들, 즉 노력만 하고 즐기지 않는 사람들은 이러한 측면에서 실패자인 셈이다. 쉽게 갈 수 있는 길이 있는데도 어렵고 힘든 길을 가면서 스스로 자위하는 사람과 다름없다.

이러한 사람들은 바로 버스를 타고, 기차를 타고, 비행기를 타고 목적지에 쉽게 갈 수 있는 방법을 마다하고 자신의 발로 걸어가는 것을 선택한다. 그러면서 자신의 방법이 가장 전통적인 것이라며 자위한다. 타인의 성공 습관과 성공의 법칙을 따라 하는 사람이 그런 부류들이다.

사람은 각각 재능이 다르고, 기호가 다르고, 능력이 다르고, 자신이 가장 잘 할 수 있는 분야가 제각각 다르다. 이 세상에 '나'라는 존재는 오직 한 명뿐이기 때문이다. 다른 사람의.습관과 생각, 태도를 흉내 낸다고 해서 부자가 될 수 있는 것은 아니다. 자신의 장점과 소질을 발견해 그것에 집중해야 부자가 될 수 있다.

자신의 장점과 소질을 잘 발견하기 위해서는 행복함으로 살아 봐야 한다. 자신이 가장 행복할 때 자신의 장점과 소질, 그리고 정말로 하고 싶은 것이 무엇인지 발견할 수 있기 때문이다. 그리고 우리가 행복함으로 살아야 하는 가장 큰 이유는 오늘의 행복을 누릴 기회는 바로 오늘뿐이기 때문이다. 즉, 행복에도 엄연히 유통기한이 있다. 그것도 매우 짧다. 오늘의 석양은 절대 내일의 석양과 같을 수 없기 때문에 오늘 우리가 누릴 수 있는 행복은 결코 내일 누릴 수 없다.

오늘 우리가 누릴 수 있는 행복은 내일이 되면 어떤 성공과 부로도 살 수 없고 구할 수 없다. 행복은 단 한 번밖에 주어지지 않는 그날그날의 선물이라는 사실을 명심해야 한다. 그렇기 때문에 오늘의 행복을 내일로 미루는 사람은 가장 불행한 사람이요, 가장 실패한 사람이다. 따라서 내일의 성공을 위해 오늘의 행복을 포기하고, 인내하고, 미루고, 참아내는 사람은 너무나 어리석다.

대만의 어떤 여가수는 부와 명성을 얻었음에도 자신이 행복하지 않다는 사실을 깨닫고 자신의 상황과 조건을 비관하면서 한탄했다. 세계를 정복한 나폴레옹조차 자신의 성공과 출세, 야망을 위해 숨 가쁘게 달려온 그 과정이 행복하지 못했다는 것을 깨달았다. 그리고 세계를 정복했음에도 불구하고 행복하지 못한 자신에 대해 한탄했다.

이런 상황에 대해 긍정심리학의 거장인 마틴 셀리그먼은 다음과 같이 표현했다.

"현재를 즐기면서 미래를 계획하고 과거에 집착하지 않으면 행복해 질 수 있다."

행복을 미루는 것은 어리석은 짓이다. 우리가 가장 행복할 수 있는 시간은 현재뿐이다. 그리고 우리가 가장 즐거울 수 있는 시간은 현재뿐이다. 그러므로 현재에 충실해야 하고 현재를 붙잡아야 한다.

라마크리슈나는 행복에 대해 다음과 같이 말했다.

“당신이 행복하지 않다면 집과 돈과 이름이 무슨 의미가 있겠는가? 그리고 당신이 이미 행복하다면 그것들이 또 무슨 의미가 있겠는가?”

오늘의 행복은 오늘까지가 유통기한이다. 내일이 되면 썩어서 더 이상 행복이 아니다. 그러므로 오늘을 즐기면서 살아가는 사람이 가장 지혜로운 사람이다. 오늘의 행복은 오늘의 마음가짐에서 시작된다. 불행과 우울의 마음가짐으로는 오늘 결코 행복할 수 없다. 제아무리 행복을 간망해도 우울과 슬픔에 사로잡힌 비참한 마음가짐이라면 행복에 이르는 길을 찾을 수 없다.

옷삼을 찔 때도 처음 정한 도안대로 따라가게 돼있다. 슬픔과 우울로 사로잡힌 마음에는 행복이 다가오지 않는다. 생각이 옹색하고 초라하면 그런 것만 따라오듯 우리의 생각이 불행하면 그와 비슷한 삶을 살 수밖에 없다. 그러므로 우리의 생각을 풍요롭게 행복에 집중하면 우리의 삶이 그렇게 된다.

오랫동안 불행하게 살아오면서 슬픔과 불행으로 괴로워한 사람들을 살펴보면 생각이 매우 부정적이며 희망이 없다는 것을 발견하게 된다. 하지만 행복한 사람들은 자신의 생각이 행복과 풍요에 집중하고, 매우 긍정적이고, 희망적이기 때문에 환경이 그 생각을 따라 변하게 된다.

세상의 모든 것이 먼저 마음속에서 만들어진 뒤에야 우리의 현실과 삶으로 나타난다는 것을 아는 사람이 얼마나 될까? 마음속에서 행복을 만들지 못하는 사람은 현실에서도 행복하게 살 수 없다. 마찬가지로 마음속에 있는 불행을 몰아내지 않는다면 불행에서 도망칠 수 없다. 불행과 슬픔이 마음에 가득하면 반드시 불행으로 가득 찬 삶을 살게 되는 것이다.

마음속의 걱정과 불안을 몰아내라. 이것이 가장 먼저 해야 할 일이다. 걱정은 우리의 심신을 갉아 먹는 해충과 같다. 수십 년 또는 수백 년을 살아온 큰 거목이 죽는 이유는 땅콩 크기보다 작은 해충들이 속을 갉아먹기 때문이다. 마찬가지로 불행한 삶을 살게 되는 이유는 심신을 갉아먹는 걱정과 불안, 슬픔 때문이다. 이러한 걱정과 불안, 슬픔이 있는 사람은 절대 행복한 오늘을 살아갈 수 없다.

현대 물리학에서 주장하는 가설 중에 하나가 존재하는 것은 과거와 미래가 아니라 오직 현재뿐이므로 과거에 대한 미련과 집착, 그리고 존재하지 않는 미래에 대한 걱정과 불안은 다 부질없는 짓이라는 것이다.

지혜의 보고인 성경에도 내일 일을 염려하지 말라는 말씀이 나온다. 지혜의 왕 솔로몬도 전도서에서 다음과 같은 말을 했다.

"이에 내가 희락을 찬양하노니 이는 사람이 먹고 마시고 즐거워하는 것보다 더 나은 것이 해 아래에는 없음이라. 그러므로 나는 사람이 자기 일에 즐거워하는 것보다 더 나은 것이 없음을 보았나니 이는 그것이 그의 몫이기 때문이라."

그의 말대로 자신의 일을 통해 즐거워하는 것, 즉 온전한 기쁨을 누리는 것보다 더 나은 것이 없다. 날마다 걱정과 근심, 염려와 두려움, 불안과 슬픔으로 살아가지 말고 주어진 것들을 통해 먹고 마시고 즐거워하는 것이 해 아래에서 가장 나은 것이다. 바로 행복하게 기뻐하고 즐거워하며 매일을 살아가는 것이 최고의 행복인 셈이다.

마태복음 효과

행복한 사람은 너무나 행복하기 때문에 월급보다 더 많이 일을 하고 일에 자연스럽게 몰입하게 된다. 그리고 누구에게라도 친절하고 항상 타인을 도와주려고 한다. 그 결과 좋은 평가와 인간관계를 유지한다. 그러니 성공하는 것이 오히려 당연하기까지 하다.

행복한 사람은 결국엔 성공하게 되어 있다. 그래서 '나는 행복하다. 고로 나는 성공한다.' 라고 외칠 수 있다. 성공하면 행복해지는 것이 아니라 행복하니까 성공하게 된다는 사실을 잘 알고 실천하는 사람들이 성공적인 삶을 살아간다.

오늘의 행복은 반드시 내일의 성공으로 이어진다. 왜냐하면 행복함으로 살 때 자신도 몰랐던 에너지와 힘이 생성되기 때문이다. 행복함으로 살 때 사람들이 모여들기 때문이다. 행복함으로 살 때 모든 일들이 잘 풀려나가기 때문이다.

이것이 마태복음 효과이다. 행복을 가진 자는 성공도 가지게 된다. 하지만 행복을 못 가진 자는 이미 가지고 있는 성공도 빼앗기게 된다. 즉, 가진 자는 더욱 더 가질 수 있게 되고 없는 자는 그 없는 것마저 빼앗기게 된다. 오늘 행복하게 살아가는 사람에게 성공이 찾아와 노크하는 것이다.

'인생은 경주가 아니다. 누가 1등으로 들어오느냐로 성공을 따지는 경기가 아니다. 당신이 얼마나 의미 있고 행복한 시간을 보냈느냐가 바로 인생의 성공 열쇠이다.'
<마틴 루터 킹>

미국의 인권운동가였던 마틴 루터 킹 목사는 성공의 비

결에 대해 남다른 통찰력과 혜안을 가진 사람이었다. 그가 남긴 말을 통해 참된 인생의 성공비결을 알 수 있기 때문이다. 그의 말대로 우리의 인생은 아무리 1등을 해도 그 순서대로 행복이 주어지는 것이 아니다. 오히려 2등을 하고, 3등을 하더라도 그 과정이 의미가 있고 행복한 시간을 많이 보냈다면 1등보다 더 행복한 인생이라고 감히 말할 수 있다. 뿐만 아니라 1등에 집착하지 않고 하루하루 행복하게 살았기 때문에 더불어 1등도 할 수 있는 것이 바로 우리 인생의 비밀이다.

우리가 명심해야 하는 한 가지 사실은 '바로 지금 우리가 만난 형편과 처지가 어떠하든지 우리는 누구보다 행복할 수 있다.' 는 사실이다. 우리가 행복해지기 위해서는 아무런 조건도, 심지어 어떤 성공도 필요하지 않다. 다만, 우리의 마음을 새롭게 하여 행복이라는 물로 우리의 마음을 씻으면 우리는 바로 행복할 수 있다. 우리가 가진 시간, 우리가 가진 공기, 우리가 가진 자유, 우리가 가진 상상을 통해 우리는 누구보다 더 행복해질 수 있고 행복하다는 것이다.

이러한 사실들 보다 더 중요한 사실은 '행복한 사람이

그렇지 못한 사람보다 더 잘, 더 많이 성공한다.' 는 사실이다. 그렇다면 과연 행복하게 살아가는 사람에게 왜 성공이 찾아오는 것일까?

먼저 과학적으로 이 법칙에 대하여 살펴보자.

마태복음 효과라는 것이 있다. 물론 이것은 부정적인 영향에 대해서도 언급을 하고 있다. 즉, 부유한 사람들은 이미 가진 것들과 위치 선점을 통해 더욱 더 많은 부와 사회적 지위를 누릴 수 있게 된다. 그러나 없는 사람들은 이미 없는 것들과 가지지 못 한 사회적 지위 때문에 더욱 더 적은 부와 낮은 사회적 지위만 누릴 수밖에 없다. 이러한 사회적 현상을 미국의 사회학자인 로버트 머튼은 '마태복음 효과(Matthew effects)' 라고 명명했다. 다시 말해, '무릇 있는 자는 받아 풍족하게 되고 없는 자는 있는 것까지 빼앗기리라.' 는 성경 말씀에서 빌려온 표현이다. 사회학에서는 이러한 효과를 '사회적 기회 누적이득' 이라는 개념으로 정의하는데 바로 마태복음 효과와 같은 것이다.

이러한 마태복음 효과는 비단 사회적 부익부 빈익빈 현

상에만 국한시켜서 일어나는 현상이 아니다. 즉, 개인의 성공과 행복에도 그대로 적용이 되는 것이다. 다시 말해, 행복한 사람은 성공도 받아 풍족하게 되지만 불행한 사람은 가진 성공까지도 빼앗기게 된다는 것이 바로 '행복과 성공의 마태복음 효과' 이다.

'행복이 있는 자, 즉 행복한 사람은 무릇 성공까지 받아 풍족하게 되고 행복이 없는 자, 즉 불행한 자는 있는 성공까지도 빼앗기게 된다.'

이것이 필자가 이 책을 통해 처음으로 주장하는 행복원리 중 하나다. 그렇다면 왜 행복한 사람은 성공도 받아 풍족하게 되지만 불행한 자들은 있는 성공까지도 빼앗기게 될까?

그 이유는 행복한 사람과 그렇지 못한 사람의 상태적 차이에서 기인한다. 즉, 행복한 사람들은 그렇지 못한 사람보다 훨씬 더 나은 상태로 살아가기 때문에 훨씬 더 나은 기회와 유리한 조건을 선점하기 때문이다. 이러한 선점 조건은 다름 아닌 마태복음 효과를 처음으로 명명했던 미국의 사회학자 로버트 머튼이 주장했던 조건들과 매우 유사하다.

행복하지 못한 사람들에 비해 행복한 사람들이 먼저 선점하는 유리한 조건과 상태들은 매우 다양하고 많다. 그러므로 행복만큼 위대한 경쟁력은 없다. 왜 행복이 위대한 경쟁력이 되고 행복한 사람들이 먼저 유리한 조건을 선점하게 되는 것일까?

행복한 사람은 그렇지 못한 사람보다 더욱 더 창조적이기 때문이다. 뿐만 아니라 더욱 더 유연하며, 더욱 더 지적이기 때문이다. 행복한 사람은 그렇지 못한 사람보다 훨씬 더 용감해지기 때문에 불가능해 보이는 일조차도 최선을 다 하게 되고 그것을 통해 쾌감과 기쁨을 만끽한다. 이러한 삶의 태도가 반복이 되면 자연스럽게 좋은 결과를 얻게 된다.

이러한 원리를 과감하게 실천하는 기업들이 많다. 대표적으로 세상의 모든 정보를 웹상에서 정리하겠다고 포부를 밝힌 세계 최고의 기업 구글(Google)이 그러한 회사 중에 하나다. 합리성과 효율, 시간 관리를 경쟁력으로 꼽고 있는 이 시대에 정확히 반기를 들고 나선 것이 바로 구글이다. 구글은 직원들에게 근무 시간 중에 20%에 해당하는 시간을 절대 업무와 관련 있는 것을 하지 말라고 주문하고 있다.

즉, 놀거나 빈둥대거나 휴식을 취하라는 것이다. 국내의 대기업들은 절대 따라 할 수 없는 파격적인 방침이 아닐 수 없다. 하지만 그 결과 구글은 세계에서 가장 창조적이고 혁신적인 기업 중에 하나로 지속적인 번영을 하고 있는 기업으로 평가받고 있다. 그 원동력은 바로 아무것도 하지 않고 놀거나 빈둥대거나, 자유롭게 자신이 하고 싶은 일을 할 때 여유를 누릴 수 있고 스트레스에서 해방될 수 있기 때문에 얻어진다. 이러한 마음의 휴식과 자유로움, 여유, 해방감은 행복감으로 직원들에게 전달된다. 그리고 이러한 행복감은 직원들로 하여금 가장 창조적인 사람으로 변신할 수 있도록 도와주기 때문에 구글이 세계 최고의 회사가 될 수 있었던 것이다.

요컨대 행복은 사람을 강력하게, 현명하게, 창의적이게, 열정적이게, 지적이게, 착하게 만들어주는 힘이 있기 때문이다. 이러한 사실을 이론적으로 잘 설명해 주는 세계적인 권위자 중에 한 명이 바로 '행복의 공식(원제:The Science of Happiness)' 의 저자인 슈테판 클라인이다. 독일을 비롯해 영국, 프랑스, 네덜란드, 일본 등 전 세계 25개국에서 번역 출간되어 베스트셀러에 오른 행복학 교과서로 불리는 이 책에서 슈테판 클라인은 다음과 같은 의미심장한 말을 했다.

"많은 연구들이 보여주듯 행복한 사람들은 문제를 빨리, 더 낫게 해결한다. 행복은 사람을 현명하게 만든다. 그리고 행복한 사람들은 창의적이다."

그의 말처럼 행복한 사람은 더 현명하고, 더 창의적이며, 더 생산적이기 때문에 행복한 사람들은 그 자체로 최고의 경쟁력이다. 그리고 행복하기 때문에 선한 영향을 빋고 좋은 영향을 받는 것은 주위 사람이 아니라 본인 자신이나.

왜 행복한 사람은 가장 큰 경쟁력을 가질 수 있을까? 성공의 비결로 변함없는 것들이 있다. 그중에 하나가 '좋은 인간관계' 다. 행복한 사람은 인간관계가 나빠지려고 해도 나빠질 수 없는 특성을 이미 자신의 내면에 포함하고 있기 때문에 인간관계가 좋다. 그러한 인과의 법칙을 통해 인간관계가 좋은 사람은 그렇지 못한 사람보다 더 성공할 확률이 높다. 그렇다면 왜 행복한 사람들이 인간관계가 더 좋은 것일까? 그것은 행복한 사람이 그렇지 못한 사람보다 훨씬 더 이타적이며 착하기 때문이다.
일을 많이 한다고 성공하는 것은 아니다. 오히려 충분한 휴식과 여유를 통해 최적의 일을 할 때 창조성이 폭발하게 된다. 행복할 때 창의성이 폭발하게 되고 스트레스를 받거나 불행할 때 창의성은 자취를 감춰버린다.

이러한 사실은 '하버드 비즈니스 리뷰'에 실린 '창의성을 억압하는 것들'이라는 평론을 통해서도 확인할 수 있다. 이 평론의 주요내용은 창의성을 억압하는 것들이 바로 스트레스, 시간에 대한 중압감이라는 것이다. 즉, 성공하기 위해 열심히 일하는 것이 오히려 창의성을 떨어뜨리기 때문에 성공에 장애가 될 수 있다는 것이다. 즉, 부정적인 감정이나 스트레스 속에서 일을 하게 되면 사고는 편협해지고, 창의성이 떨어지고, 질이 낮아지게 된다. 반면, 행복한 상태에서 일을 하게 되면 보다 더 창의적이고, 질이 높고, 깊고 넓은 사유를 할 수 있다.

얼마나 능력이 뛰어나든, 얼마나 인내심이 강하든, 얼마나 꿈이 크든, 얼마나 성공에 대한 신념이 강하든 그것은 중요하지 않다. 성공은 그러한 요인만으로 이루어지는 것이 결코 아니기 때문이다. 이러한 중요한 요인들을 능가하는 것이 있다.

아무리 능력이 뛰어난 자도, 아무리 인내심이 강한 자도, 아무리 꿈이 큰 자도, 아무리 신념이 큰 자도, 자신의 일에 미친 사람을 당해내지 못한다. 그리고 자신의 일에 미친 사람은 바로 행복한 사람이다.

'나로 하여금 미치게 하는 목표가 있는가? 그렇다면 나는 이미 행복한 사람이다.' <바보zone 내용 중>

차동엽 신부의 '바보zone'에 나오는 이 한 문장이 의미하는 것처럼 우리를 미치게 하고 가슴 뛰게 하는 일이 있는 사람은 이미 행복한 사람이다. 그리고 이러한 행복을 가진 사람은 어떤 능력자도, 어떤 인내심을 가진 자도, 어떤 꿈을 가진 자도, 어떤 신념을 가진 자도 다 이겨낼 수 있다.

'행복은 우리가 마음먹기에 달려 있다.'

<아리스토텔레스>

제9장, 행복의 친구는 겸손이다.

‘행복은 자신의 바깥에 있는 것이 아니라 마음속에 있음을 알아야 한다.’ <쇼펜하우어>

행복한 사람은 감정을 잘 활용할 줄 아는 사람이다.

가장 중요한 성공 요인은 우리가 감정을 가지고 있고 감정에 가장 큰 영향을 받는 존재라는 사실이다. 우리는 감정을 가진 동물이라는 기본을 제대로 이해하고 이러한 기본적 이해를 인생에 적용할 수 있어야만 성공의 문턱에 가까이 갈 수 있다. 인간을 제대로 이해해야 인간의 무한능력과 잠재력을 잘 활용하고 발휘할 수 있기 때문이다. 그래서 행복학은 인간의 본질과 특성을 가장 잘 이해하는 성공법칙이며 동시에 인간이 감정의 동물이라는 기본에 가장 충실한 성공법칙이다.

'행복과 성공의 가장 큰 비결은 우리 자신 안에 있다.'

인간은 논리적인 동물이라기보다 감정의 동물이다. 아무리 부인하려고 해도 우리의 몸과 마음, 그리고 우리의 뇌는 이 사실을 온 몸으로 인정하며 그렇게 반응한다. 기분이 나쁠 때 우리의 몸과 마음과 뇌는 그에 맞게 반응하기 때문에 기분이 나쁠 때는 기분 전환을 한 후 일을 하는 것이 훨씬 더 지혜롭고 현명한 방법이다.

'인간은 감정의 동물이다.'

그래서 인간은 기분이 좋고, 즐겁고, 충만하고, 행복할 때 가장 큰 힘과 에너지가 발산되고 주위의 모든 사람과 에너지와 행운 까지 끌어당길 수 있다. 그리고 그러한 에너지와 능력을 발산할 수 있다.

아무리 능력이 뛰어나고, 아무리 열심히 일을 하고, 아무리 꿈이 크고, 아무리 때를 잘 만났다 해도 관건은 역시 자기 자신에게 달려 있다. 자기 자신이 매우 불행하고, 슬프고, 우울하다면 과연 활기찬 하루하루의 생활을 해 나갈 수 있을까?

성공은 한 가지 요소로 결정되는 것이 아니다. 성공은 하루하루의 성과들이 모여서 결정된다. 그렇기 때문에 하루하루 차근차근 최선을 다하며 살아간 사람들이 성공할 수 있다. 이것은 불변의 진리이다.

행복한 사람들은 누구보다 더 열심히 일을 하지만 무턱대고 열심히 하지 않고 창의적으로 더욱 더 스마트하게 일을 한다. 행복한 사람들은 누구보다 더 활기차게 일을 하지만 단순히 활기찬 것으로만 끝나는 것이 아니라 매우 지혜롭게 일을 한다. 그리고 행복한 사람들은 매우 유연하게 일을 하지만 단순히 유연한 것만으로 끝나는 것이 아니라 매우 창조적으로 일을 한다. 행복한 사람들은 매우 유쾌하게 일을 하지만 단순히 유쾌한 것만으로 끝나는 것이 아니라 그 유쾌함 속에서 창의적이고 지적이며 유연하고·독창적인 상태로 일을 한다. 그러한 상태로 일하는 사람들에게는 그렇지 못한 사람들이 상상도 못하는 상상력이 뿜어져 나오게 된다.

행복은 그 자체가 지혜로 변신하여 나타나고, 능력으로 변신하여 나타나고, 창조성과 유연성을 가진 쾌활함과 활기참으로 변신하여 나타나기 때문에 행복이 최고의 경쟁력이다. 그래서 행복한 사람들에겐 성공이 따라오게 되어 있다. 그래서 행복한 사람들은 성공을 좇아가지 않아도 성공이 좇아오게 되어 있는 것이다.

또한 행복한 사람에게는 그렇지 못한 사람들이 가질 수 없는 놀라운 실천력이 생길 뿐만 아니라 아름다운 힘이 생긴다. 그래서 행복한 사람들은 이상하게도 남을 먼저 행복하게 해주고자 노력하게 된다. 이러한 사실 때문에 행복한 사람들이 불행한 사람들보다 훨씬 더 성공할 공산이 클 수밖에 없다. 성공의 최대 비결 중 하나가 좋은 인간관계이기 때문이다. 행복한 사람들은 행복하기 때문에 타인을 잘 돕고 배려해준다. 그러니 인간관계가 좋을 수밖에 없다. 이러한 좋은 인간관계는 바로 성공으로 이어지게 된다.

'행복한 사람들은 불행한 사람들보다 더 쉽게 이타적인 행동을 하는 사람들' 이다. 그 이유는 바로 감정을 잘 활용할 줄 아는 사람들이기 때문이다. 감정상으로, 인간은 기분이 좋아지고, 즐거워지고, 행복해지면 그 만큼 더 바람직한 사람으로 변하기 때문이다. 이러한 원리는 바로 인간은 행복해지기 위해 존재하고, 행복하게 사는 것이 정상이고, 바람직하다는 사실을 뒷받침해 주는 근거이다.

어떤 심리학 실험에서 피험자들을 재미있고 즐겁게 해준 후에 누군가 그 앞에서 책을 떨어뜨리게 했을 때 재미있고 즐거운 피험자들은 선뜻 나서서 도와준다. 하지만 지루하고 재미없게 만든 피험자들은 동일한 상황에서 선뜻 나서서 돕지 않는다. 즉, '즐거운 사람이 더 쉽게 타인을 도와주는 경향이 있다.' 는 사실을 입증한 것이다.

불행한 사람들은 출근하자마자 지치게 된다. 회사에 출근하여 의자에 앉자마자 퇴근시간만 기다린다. 그래서 업무 성취도와 생산성, 창의성에서 행복한 사람들을 도저히 따라가지 못한다. 이것은 행복이라는 놀라운 에너지가 완충되어 있는 사람과 완전히 방전되어 있는 사람의 차이이다.

행복한 삶을 사는 사람은 종국에는 성공할 수밖에 없다. 실력과 능력, 열정이 축구의 공격력에 비유된다면 행복한 삶은 좋은 수비력으로 비유할 수 있다. 공격력이 매우 뛰어나서 2골을 넣었다고 해도 수비력이 허술하게 되면 2대 3으로 역전을 당할 수 있다. 이것이 인생이며 축구이다. 하지만 공격력이 뛰어 나지 않아도 좋은 수비력을 가지고 있는 팀은 절호의 찬스를 이용해 단 한 골만 넣어도 경기에서 이긴다. 바로 이것이 실력이 뛰어나고 학식과 지식, 재능을 모두 갖춘 사람들이 성공하는 삶을 살아가는 이유이다. 행복한 삶을 사는 사람들, 즉 좋은 수비력을 가지고 있는 사람들은 결국에는 좋은 공격력의 토대를 갖고 있기 때문에 단 한 골로도 승리할 수 있는 것이다.

행복한 사람들은 매사에 활기차고 의욕이 넘친다. 이러한 활기차고 의욕이 넘친 삶의 모습은 타인들로부터 좋은 평판을 듣는 원인이 된다. 그리고 좋은 인간관계의 토대가 된다. 행복한 사람들이 일도 잘하고 열심히 한다는 통계조사와 행복한 아이들이 공부도 잘한다는 연구 결과가 증명하듯 행복한 사람들은 결국 성공하게 되어 있는 것이다.

하지만 여기서 우리가 알아야 할 한 가지 사항이 있다. 행복한 사람도 역시 인간이기에 실망과 슬픔과 두려움과 불안과 질투와 절망과 같은 부정적인 감정을 갖고 있고, 느낀다는 점이다. 하지만 행복한 사람들은 이런 감정을 배척하지 않고, 오히려 인정한다. 인정하는 것은 그러한 감정들을 빨리 긍정적인 감정으로 승화시키기 위한 가장 좋은 방법 중에 하나이기 때문이다. 우리가 그러한 부정적인 감정 역시 느끼고, 솔직히 인정할 때, 우리는 충만하고 충실한 삶을 살아갈 수 있기 때문이다.

비가 오지 않고, 언제나 햇볕만 내리 쬔다면 그곳은 무미건조하고, 메마른 사막이 될 것이 뻔한 것처럼, 우리 삶에 슬픔과 실망과 불안과 같은 감정의 비가 내리지 않는다면, 우리는 기쁨과 희망과 평안의 감정 또한 제대로 느끼지 못하게 될 것이 뻔하다.

결론적으로 행복과 성공의 비결은 바로 우리 자신 안

에 있고, 그것을 잘 활용할 줄 아는 사람이 행복한 사람이 되는 것이며, 그로 인해 행복해 지면, 성공의 길이 눈앞에 보이게 된다. 그 핵심은 감정이라고 할 수 있다. 감정의 노예가 되면, 삶은 망가질 수 있지만, 그것을 잘 활용할 줄 알게 되면, 삶은 보다 더 충만해지고, 풍요로워질 수 있다. 감정도 역시 칼과 같은 것이기 때문에, 잘 사용하면, 손으로 도저히 할 수 없는 일을 해 낼 수 있지만, 잘못 사용하게 되면 자신이 다치게 되고, 죽게 될 수 있다. 감정도 이런 것임을 명심해야 한다.

행복은 다른 그 무엇보다도 더 전염성이 강하다. 그래서 우리는 항상 웃는 사람, 행복한 사람을 좋아하게 되어 있고 끌리게 되어 있다. 반대로 언제나 우울한 사람, 인상을 쓰고 있는 사람에게는 거리낌이 생긴다. 그래서 가까이 가지 않으려고 한다. 그런 사람에겐 타인을 사귀는 것도 즐거운 일이 아니다.

행복한 사람들은 자신이 행복하기 때문에 타인에게도 자신의 행복을 나누어 줄 수 있다. 그래서 말 한 마디로 타인을 행복하게 해줄 수 있고, 미소 한 번 짓는 것으로도 타인을 미소 짓게 만들 수 있다. 반대로 불행한 사람들은 자신이 불행하기 때문에 타인에게 나눠줄 행복이 없다. 오히려 자신이 가지고 있는 불행을 알게 모르게 전염시킨다. 그래서 불행한 사람 옆에 있으면 기분이 우울해지게 된다.

행복한 사람은 자신의 일에 열심일 뿐만 아니라 타인에게 진심으로 관심을 나타내는 사람이다. 그러한 관심은 고스란히 타인에게 전달되어 평판이 좋아질 수밖에 없다. 그 결과 인간관계가 좋을 수밖에 없다.

프랑스 작가 콜레트는 행복에 대해 이렇게 말했다.

"행복하라, 그것이 현명해지는 한 가지 방법이다."

행복한 사람은 어리석은 생각을 하지 않기 때문에 범죄도 저지르지 않고 시간낭비도 하지 않는다. 그런 이유로 행복은 또 하나의 경쟁력이다. 행복한 사람은 그렇지 못한 사람보다 더 현명해지게 되고 그 현명함은 성공을 만들어낸다.

사람은 기쁘거나 즐거울 때 집중력과 기억력이 향상되고 뇌 기능이 더 향상되기 때문에 시험을 치기 전에 기쁜 일이 생기면 시험을 평소보다 더 잘 볼 수 있다고 한다. 일상에서도 여러 가지 선택을 통해 더 기쁠 수 있고 덜 기쁠 수가 있다. 날씨가 우중충하고 비바람이 불 때는 기분이 좋을 수가 없다. 이럴 때 우리가 택하는 선택은 좋지 못한 결과를 동반하게 된다. 가령 점심 식사를 선택할 때 이런 날에는 꼭 실패하게 되어 맛이 없는 것을 먹거나 좋지 못한 식당을 선택하게 되어 후회하는 경우가 많다. 하지만 반대로 날씨가 화창하고, 맑고, 바람도 없고, 따스한 날에는 점심 식사와 같은 소소한 일상과 관련된 선택도 잘하게 되어 매우 맛있는 식사를 하게 된다.

우리가 알게 모르게 선택한 일상의 결과는 우리를 풍요롭게 해 줄 수도 있고 질이 떨어지게 해줄 수도 있다. 우리의 선택에 영향을 미치고 주도하는 것은 바로 우리의 마음 상태와 기분이기 때문이다. 그래서 행복할 때 선택도 더 잘하고 머리 회전도 더 빠르다. 그러므로 행복하게 사는 것이 매우 중요한 것이다.

행복한 사람은 그렇지 못한 사람보다 훨씬 더 에너지 소비가 적고 순간순간 행복하기 때문에 에너지가 재충전되어 힘든 일을 하더라도 더 오래 할 수 있고 잘 할 수 있게 된다. 즉, 행복한 사람은 그렇지 못한 사람보다 더 오래 버틸 수 있는 것이다. 이것은 매우 큰 장점으로 작용하게 된다.

낙숫물이 바위를 뚫을 수 있는 것은 반복과 끈기 때문이다. 결코 포기하지 않고 중단하지 않는 힘이 있기 때문이다. 만약에 아무리 꿈이 크고, 비전이 높고, 능력과 힘이 있다 해도 체력이 받쳐주지 않는다면 중단하기 싫어도 중단해야만 한다. 하지만 행복한 사람들은 고된 일을 하는 와중에도 행복함으로 인해 에너지가 재충전되어 오래 버티는 힘이 생긴다. 이것은 큰 경쟁력이다.

아울러 행복한 사람이 성공하게 되는 경영학적 이유는 새로운 리더십을 갖고 있기 때문이다. 그것은 과연 무엇일까? 최근에 출간된 '경영자를 위한 변명' 이란 책이다. 이 책은 경영 칼럼니스트이자 혁신 전문가인 권영설 한경가치혁신연구소장이 쓴 것이다. 책의 주요 내용은 '모든 직장인은 경영자다.' 라는 것이다. 이 책의 전반부에는 시오노 나나미가 쓴 '로마인 이야기' 의 '세레노(sereno)' 라는 단어에 대한 이야기가 나온다.

세레노는 '평온하다', '청명하다' 라는 뜻을 가진 이탈리아어로 세레노한 사람이란 평온하고, 청명하며, 긍정적이며, 밝은 사람을 뜻한다. 시오노 나나미는 한니발의 전쟁을 승리로 이끈 스키피오 장군을 그런 평온하고 밝은 매력을 가진 리더의 전형, 즉 리더십의 본질로 들고 있다. 시오노 나나미는 사람들마다 어쩔 수 없는 상처와 아픔이 있지만 그것을 극복하고 해맑은 표정을 보이는 사람에게 사람들은 끌리게 마련이라고 설명한다.

실력이 약간은 부족하고 다른 외형적인 매력이 평균 이상이 아님에도 불구하고 주위에 사람들이 많이 꼬이는 사람은 대부분 '세레노' 한 사람인 경우가 많다는 것이다. 이에 대해 권영설 소상은 바로 이러한 세레노 타입이 리더의 본질이기 때문에 세레노 리더는 그 자신이 에너지원이라고 말한다. 스스로 밝고 평온하기 때문에 남들에게 더 많은 관심을 가지고 더 많이 배려한다는 것이다. 그런 점에서 자신을 드러내지 않고 부하들이 스스로 자발적으로 일할 수 있도록 유도하는 서번트(servant) 리더와 세레노는 같은 맥락을 갖고 있다.

아울러 세레노 리더는 바로 행복한 사람과 일맥상통한다. 세레노 리더는 자신의 권력을 이용하여 강압적으로 명령하는 리더가 아니라 자신이 가지고 있는 평온함과 밝음을 통해 부하직원들에게 좋은 인상을 주고 좀 더 많은 배려와 관심을 통해 행복을 나누어 주는 리더이기 때문이다.

생각해 보라. 여러분들이라면 언제나 밝게 웃으며 여유있어 보이고, 온화해 보이고, 행복해 보이는 리더와 함께 일하고 싶은 가? 아니면 울상을 하고, 조급해 하고, 난폭하고, 불행해 보이는 리더와 함께 일하고 싶은가? 행복이나 불행은 모두 전염성이 매우 강하기 때문에 행복한 사람 옆에는 사람들이 꼬이게 되고 불행한 사람 옆에는 사람들이 없다.

그러므로 경영을 잘하고 싶다면 먼저 행복한 사람이 되어야 한다. 그것이 바로 경영자들, 즉 리더들이 갖추어야 하는 본질 중에 기본이다. 사실 이러한 본질은 앞에서 언급했던 로마 시대에도 중요한 본질 중에 하나였지만 이 시대는 그때보다 더 중요성이 높아졌다. 그래서 행복한 경영자, 행복한 리더가 이 시대에 더욱 필요하다.

행복한 사람이 성공하게 되는 또 다른 경영학적 이유는 피터 드러커와 함께 현대경영학의 창시자로 꼽히는 톰 피터스의 최신작에서 발견할 수 있다. 'LA타임스'는 그를 소프트모던 기업의 아버지라고 극찬했고 '이코노미스트' 역시 그를 경영학의 최고 권위자로 인정하고 있다. 그는 세계에서 가장 영향력 있는 경영서 1위인 '초우량 기업의 조건'의 저자이기도 하다. 그는 최근 출간한 '리틀 빅 씽'이라는 책에서 이렇게 말했다.

'우리가 너무 사소하게 생각하여 관심을 기울이지 않는 것들로부터 성공이 시작되는 경우가 많다. 따라서 사소한 것들에 대한 작은 노력과 실천이 성공의 출발점이 된다.'

이것이 그가 주장하는 '사소함이 만드는 위대한 성공법칙'이다. 그는 남들이 사소하게 생각하여 신경 쓰지 않는 화장실, 주방, 음성 사서함, 직원들에 대한 칭찬 등과 같은 것들로부터 비즈니스의 성공과 실패가 결정되기 때문에 사소한·것에 집중하고 노력을 기울이라고 주문하고 있다. 매우 타당하고 중요한 문제이다.

하지만 더욱 중요한 것은 바로 실천의 문제다. 왜냐하면, 아무리 직원들로 하여금 사소한 것에 집중하라고 주문해도 실천되지 않는다면 아무런 소용이 없기 때문이다. 말 그대로 사소한 것이기 때문에 실천이 용이하지 않다는 것이다. 중요한 것은 회사의 규칙으로 삼아 관리할 수 있고 통제가 가능하다. 하지만 칭찬하는 말이나, 음성 사서함, 또는 전화 받는 음성과 분위기 등은 너무나 사소해서 관리하고 통제하는데 한계가 있다.

'지혜롭다는 것은 사소한 것을 깨닫는 기술이다.'

가장 중요한 핵심적인 문제는 사소하고 작은 일들의 실천이다. 그리고 그러한 실천을 가장 효과적으로 행동으로 옮기게 해주는 비결은 바로 '행복' 이다. 이미 이것에 대한 연구결과가 있다. 즉, 직원들을 기분좋게 해주면 수익률이 3배가 된다고 한다. 이러한 연구 결과는 톰 피터스의 주장을 보다 신빙성 있게 만들어 준다.

행복한 사람은 에너지가 넘치게 되고 활력이 넘치게 되

어 매우 활동적인 사람으로 변하게 된다. 그래서 행복한 사람들은 자신에게 주어진 일만 하고 퇴근시간만 기다리지 않는다. 자신에게 주어진 일 외에도 스스로 찾아서 일을 하는 것이다. 자신이 행복하기 때문에 타인과 동료에 더욱 주의를 기울이기 때문이다. 그래서 행복한 사람은 아주 사소한 일까지도 성심성의껏 한다. 따라서 이러한 사람들이 많은 기업일수록 사소한 것들이 제대로 잘 관리되는 것은 당연하다.

이러한 기업의 성공법칙은 개인에게도 그대로 적용된다. 자신이 불행한 사람은 만사가 귀찮고, 의욕이 없고, 부정적인 사람이다. 하지만 행복한 사람은 무엇을 해도 최선을 다할 수 있고, 의욕이 넘치고, 긍정적인 사람들이다. 그래서 이러한 사람들은 아주 사소한 것들, 목소리나 태도나, 자세, 얼굴표정, 눈빛에서부터 다른 사람들하고 다르다. 뿐만 아니라 눈에 보이지 않는 아주 사소한 것들도 다 챙길 수 있고 신경 쓸 수 있는 에너지와 활력이 넘치기 때문에 인생을 성공적으로 운영할 수 있는 것이다.

겸손은 행복의 친구이다.

성공은 실력과 재능이 뛰어나다고 되는 것이 아니다. 그리고 인격과 덕행이 뛰어나다고 되는 것도 아니다. 남들보다 열심히 목표를 향해 혼을 심고 열정을 발휘한다고 되는 것도 아니다. 성공은 다른 사람이 미처 볼 수 없었던 것을 보고, 다른 사람들이 미처 생각하지 못한 것을 생각해 내고, 다른 사람들이 결코 행동으로 옮기지 못하는 것들을 행동으로 옮길 수 있는 비범함에서 비롯된다. 이러한 비범함이 바로 차원이 다르고 격이 높은 사람에게 주어지는 행(幸)운의 복(福)인 것이다. 이러한 행운의 복이 많은 사람들은 자연스럽게 성공으로 향하게 되어 있는 것이다.

성공하기 위해 인내와 열정은 필요하다. 하지만 인내와 열정만으로는 성공할 수 없다. 그리고 근면과 성실, 노력도 마찬가지다. 성공하기 위해서는 수많은 요인이 적절하게 조화를 이루어 때로는 인내가 발휘되어야 하고, 때로는 일에 대한 몰입과 열정이 발휘되어야 하고, 때로는 포기하지 않는 신념과 굳은 의지가 발휘되어야 한다. 즉, 나무가 좋은 열매를 맺기 위해서는 햇빛, 공기, 수분, 충분한 자양분, 벌레로부터의 보호 등과 같은 다양한 요인들이 갖추어져야만 하는 것과 같다. 우리 인간도 이와 다를 바 없다. 행복하고 좋은 상태로 하루하루를 행복하게 살 때 성공이라는 열매가 자연스럽게 맺히게 되는 것이다.

행복한 사람들은 누구보다 겸손한 사람들이다. 겸손의 근본은 자신을 낮추고, 자신을 있는 모습 그대로 인정하고, 타인을 보다 더 낫게 여기는 마음이다. 따라서 겸손한 사람은 언제나 평상심을 유지하기가 쉽고 생활화되어 있다. 이러한 평상심은 매우 큰 경쟁력으로 현대사회에 작용한다. 시련이나 위기 앞에서 의연하게 대처할 수 있게 되고 치명적인 실수를 피할 수 있게 해준다.

'개구리 성공학' 의 저자 아니 달시 레라크는 '성공

한 사람들이 모두 훌륭한 네트워커들은 아니지만 훌륭한 네트워커들은 모두 성공한 사람들' 이라고 말하고 있다. 성공의 최대법칙으로 네트워킹을 꼽고 있는 것이다. 하버드 대학교의 사회심리학자인 스탠리 밀그램의 말대로 이 세상은 너무나 좁기 때문에 여섯 다리만 건너면 모두 이웃이라고 말한다. 즉, 네트워킹이 좋은 사람과 행복한 사람은 매우 밀접한 연관이 있다는 것이다.

행복한 사람들은 모두 네트워킹이 뛰어난 사람들이다. 혼자서 외톨이로 지내는 사람 중에는 비관론자와 반사회적 성향이 강한 사람들이 많다. 그래서 행복한 사람들은 거의 대부분 네트워킹을 좋아하고 적극적으로 인간관계를 맺는 편이다. 아울러 이러한 네트워킹이 결국 성공의 길로 이끈다.

행복한 사람들이 그렇지 못한 사람들보다 성공할 공산이 큰 이유 중 하나는 일에 몰입하는 정도의 차이 때문이다. 즉, 행복한 사람들은 몸과 마음의 상태가 가장 이상적인 상태에 가깝기 때문에 마음이 열려 있고 뇌가 가장 잘 기능하는 상태로 준비되어 있다. 따라서 무슨 일을 해도 훨씬 더 많이, 더 자주 몰입을 경험하게 되는 것이다.

수많은 성공학 도서가 한결같이 주장하는 이론 중 하나는 자신이 좋아하는 일을 하는 사람들이 대부분 성공하게 된다는 것이다. 자신이 좋아하는 일을 할 경우 누구보다도 더 몰입을 잘 경험하기 때문이다. 그러나 아무리 자신이 좋아하는 일을 한다 해도 그 사람이 불행한 상태라면 온전히 자신을 잊고 그 일에 몰입하기가 쉽지 않다. 아무리 힘든 일이라 해도 행복한 상태의 사람은 누구보다 더 많은 에너지와 열정을 쏟게 된다. 그로 인해 몰입의 상태에 쉽게 도달하게 된다.

즉, 좋아하는 일을 하는 사람도 불행한 상태라면 몰입을 경험하기 힘들 것이다. 하지만 좋아하지 않는 일이라 할지라도 행복한 사람들은 몰입을 경험하게 된다. 이러한 이유 때문에 행복한 사람들은 누구보다도 더 잘, 더 많이, 더 자주 몰입을 할 수 있다.

회사 생활을 하다 보면 자신이 받는 월급보다 더 많은 일을 하는 동료들을 종종 보게 된다. 심지어 자신의 직급보다 더 수준 높은 일을 하는 친구들이 있다. 이런 친구들은 어김없이 자신이 하는 일의 양과 수준에 비례하는 연봉을 곧 받게 된다. 이와 반대로 자신이 받는 연봉보다 훨씬 적은 일을 하는 친구들이 있다. 이런 친구들은 또한 어김없이 자신이 하는 일의 양에 비례하는 연봉을 곧 받게 된다.

즉, 성공하는 사람들 대부분은 자신이 받는 연봉보다 더 많은 일을 스스로 찾아서 하는 사람들이다. 이러한 사람들은 매우 의욕이 넘치고, 희망적이고, 긍정적이고, 밝은 성격의 사람들이다. 그런 사람들은 물론 행복한 사람들이고 사랑하는 가족을 위해 기꺼이 행복하게 일을 할 줄 안다. 그 결과 그들은 그렇지 못한 사람들보다 훨씬 빨리 승진을 하고 연봉도 높아진다. 아울러 행복한 사람들이 있는 팀은 전체가 행복해지고 그로 인해 좋은 성과를 내게 된다. 그래서 행복한 조직이 결국에는 성과를 내고 성공을 하게 되는 것이다.

'실행에 집중하라' 의 저자인 램 차란과 래리 보시디는 실행력의 차이가 기업들 간에 격차를 만드는 근본 이유라고 말한다. 그리고 그 예로 20세기의 천재 과학자인 아인슈타인을 예로 든다. 그가 상대성이론을 증명하기까지 10년이 걸렸다. 그래서 그의 위대함은 천재적 직관보다는 집요하게 실험에 매달린 실행력에 있다고 주장한다. 그렇다면 그가 10년 동안 딴 마음을 먹지 않고 집요하게 실험에 매달릴 수 있도록 해준 실행력은 어디에서 비롯되었을까?

그것은 바로 그가 자신의 일을 즐길 줄 알았기 때문이다. 그 즐거움이 그를 무엇보다 행복하게 해주었고 자신의 실험을 통해 누구보다 더 몰입의 황홀경에 빠져들 수 있었던 것이다. 그러한 몰입의 황홀경은 중독성을 가지고 있다. 그래서 그로 하여금 하루도 빠지지 않고 실험에 몰입할 수 있도록 했다. 아인슈타인은 하기 싫은 실험을 10년 동안 오직 의지 하나만으로 해낸 것은 아니다. 자신이 좋아하고 자신을 행복하게 해줄 수 있는 실험을 10년 동안 즐기면서 했고 그 결과 좋은 성과도 덤으로 얻게 된 것이다.

2007년 국제종합사회조사에 의하면 우리나라의 직장인들은 자신의 업무에 대해 흥미도가 100점 만점에 56.5점에 불과한 것으로 나타났다. 다른 선진국은 보통 80점 전후이다. 가령 미국이 77점이고 스위스가 83.4점이다. 문제는 일에 대해 재미를 느끼고 흥미를 느끼는 것이 바로 생산성과 직결된다는 것이다. 즉, 우리나라 직장인들의 생산성은 시간당 20.4달러로 미국의 40% 정도이고 OECD(경제협력개발기구)의 75%에 불과하다. 세계 최하위 수준이다.

이러한 생산성 저하의 원인은 바로 일을 즐겁게 하지 못하기 때문이라고 할 수 있다. 한국인들이 일을 즐기지 못하고 흥미를 느끼지 못하는 이유 중 하나는 일이 너무 많기 때문이다. 우리나라 직장인들의 근무시간은 세계 최고이고 당연히 OECD 국가 중에서도 월등한 차이로 1위이다. 그만큼 일을 많이 하니까 점점 재미가 없어지고 흥미가 떨어지는 것이다.

문제는 일에 대해 재미와 흥미가 낮을수록 일에 몰입하기가 힘들다는 사실이다. 일에 몰입하지 못하는 사람과 일에 몰입할 수 없도록 만드는 문화를 가지고 있는 기업은 절대 번영하고 성공할 수 없다. 그래서 세계적인 일류 기업들은 모두 고유한 기업 문화를 가지고 있다.

가장 창의적인 사람은 바로 행복한 사람이다.

'사람이 경쟁력이다' 의 저자인 스탠포드 대학교 경영대학원 조직행동학 석좌교수인 제프리 페퍼는 기업 생존의 핵심은 바로 '사람' 이라고 말한다. 오늘날 우리가 살아가는 시대는 지식기반 경제(knowledge-based economy)를 넘어 창조성기반 경제(creativity-based economy)로 전환되고 있기 때문에 사람이 중요하다는 것이다. 그래서 성장을 지속하고 싶다면 기술보다 사람에 집중해야 하고 기업이 성공하기 위해서는 사람을 잘 다룰 줄 알아야 한다고 말한다. 그의 말처럼 사람이 기업을 살리는 것은 틀림없다. 하지만 더 중요한 것은 활력과 생동감이 넘치는 사람, 상상력과 창조성이 넘치는 사람이 기업생존의 핵심이라는 점이다.

기술력이 뛰어난 기업은 언제라도 다른 기업에 의해 추월당할 수 있다. 하지만 활력과 생동감이 넘치고 상상력과 창조성이 넘치는 행복한 사람들로 가득 차 있는 기업은 쉽게 추월당하지 않으며 추월당한다 해도 곧 다시 추월할 수 있다. 그래서 행복한 사람은 기업의 핵심 경쟁력인 것이다.

잡코리아가 매출액 기준으로 100대 기업을 대상으로 조사한 결과, 인재상의 첫 번째 항목은 창의성이었다. 무려 57%의 높은 비중을 차지했다. 창의성은 성공을 좇아간다고 해서 나오는 것이 아니다. 창의성은 모름지기 행복하고 즐겁고 유쾌해야 나오는 것이다.

우리가 가장 행복한 시절은 다섯 살 때를 전후한 어린아이 시절이다. 우리는 그 누구도 우리의 어린아이 시절만큼 더 행복할 수 없다. 어린아이 시절인 다섯 살 때 인간의 창의성은 가장 절정에 달한다고 한다. 그만큼 행복한 상태와 창의성은 매우 밀접한 관계에 있다는 사실을 방증하고 있는 말이다.

성공학의 세계적인 거장인 나폴레온 힐은 '인간의 창의력은 차가운 이성이 아니라 뜨거운 감성을 통해서만 발휘될 수 있다.' 라고 말했다. 지식을 통해, 연습을 통해, 노력을 통해 창의력을 잘 발휘할 수는 없다. 창의력은 그의 말처럼 뜨거운 감성이 토대가 되어야 한다. 이러한 뜨거운 감성은 인간이 가장 자연스러운 존재로 존재할 때 가능하다. 인간의 가장 자연스러운 존재는 불행한 상태가 아니라 태초의 에덴동산, 즉 가장 행복한 상태이다.

옛말에 이런 말이 있다.

'樂之者 不如創之者 (낙지자 불여창지자)'

즉, '즐기는 사람은 창의력을 가진 사람만 못하다.' 라는 뜻이다. 타고난 재능을 갖고 열심히 일하는 사람은 성공 가능성이 높다. 그러나 그런 사람을 이기는 사람은 좋아하는 사람이다. 아울러 좋아하는 사람을 이기는 사람은 즐기는 사람이다. 그러나 즐기는 사람도 창의력을 가진 사람을 이기진 못한다. 창의력을 가진 사람은 바로

'행복한 사람' 이다. 왜냐하면, 상상력과 창의성이 가장 잘 발휘될 때가 바로 행복할 때이기 때문이다.

이러한 이유로 열심히 하는 사람보다 좋아하는 일을 하고 즐기는 사람이 더 업무 성과가 높다. 아울러 좋아하는 일을 하고 즐기는 일을 하는 사람보다 행복한 사람이 더 업무 성과가 높다.

세계적인 역사학자 토인비는 말했다.

"최고의 성취는 일과 놀이의 경계를 허무는 것이다."

그의 말대로 일과 놀이의 경계를 허무는 사람은 직장에 출근하는 것이 매우 신나는 사람이고 일터에서 가장 행복한 사람이다. 주위를 둘러보라. 직장에서 항상 신이 나서 일을 하는 사람이 혹시 있는가? 있다면 그 사람을 잘 기억해두기 바란다. 반드시 그런 사람은 큰 성공을 하게 될 것이기 때문이다.

위대한 위인들조차 자신의 재능이나 열심만으로 위대한 업적을 이룩한 것이 아니라 자신도 모르게 일을 놀이처럼 즐기면서 날마다 행복하게 했기 때문에 엄청난 창의성과 상상력이 발휘될 수 있었다고 말한다. 바로 그것이 지식이나 집념을 압도할 수 있는 위력을 발휘하게 되었기 때문에 역사에 길이 남는 위대한 발자취를 남길 수 있었던 것이다.

아인슈타인의 말처럼 상상력과 창의성은 지식보다 더 중요하며 인생의 성패는 상상력에 의해 결정된다. '사람의 인생은 그 사람의 상상력에 의해 결정된다.' 라고 마르쿠스 아우렐리우스가 말한 것처럼 현대는 상상력이 지식을 압도하는 시대다.

그렇다면 어떻게 상상력을 키우고 발휘할 것인가? 열심히 노력하여 지식을 축적하듯 할 것인가? 그것은 불가능하다. 설과도 애매모호할 것이다. 상상력은 전적으로 당신이 어떠한 사람이냐에 따라 판가름 나기 때문이다. 당신이 재미있고 기발하고 행복한 사람이라면 그에 맞추어 상상력이 발휘될 것이다. 하지만 당신이 지식만 꾸역꾸역 머리에 넣는 사람이라면 이제는 머리에서 그 지식을 당신의 행복과 융합시켜 새로운 상상력으로 승화시켜야 한다. 행복은 바로 당신의 상상력에 불을 붙이는 성냥불과 같은 것이다.

아무리 지식과 학식이 높다 해도 작은 성냥불 하나가 없다면 불을 일으킬 수 없다. 최소한 작은 불씨가 남아 있어야 창의성과 상상력의 불이 타오를 수 있다. 행복이라는 작은 불씨를 언제나 간직하는 사람이 되어야 한다. 이제는 창의성과 기발한 상상력이 선택이 아닌 필수조건이 된 시대이다. 그래서 세계적인 기업들은 이러한 창의성과 기발한 상상력을 가진 인재를 선발하기 위해 신입사원을 면접할 때 다양한 시도를 하고 있다. 그러한 시도 중에 하나가 응시자들에게 수평적 사고를 평가하기 위한 페르미 추정 문제를 자주 내는 것이다.

페르미 추정 문제는 노벨물리학상 수상자인 엔리코 페르미의 이름을 따서 붙여진 것으로 창의적인 상상을 할 수 있도록 도와주는 다소 황당한 질문과 문제들을 지칭하는 말이다. 예를 들어, 세계적인 선도 기업인 구글과 마이크로 소프트에서는 이러한 페르미 추정 문제를 입사시험에 자주 내고 있다.

'우리 인간의 사고에는 수직적 사고(vertical thinking)

와 수평적 사고(horizontal thinking)가 있다.'

영국의 심리학자인 에드워드 드 보노의 말이다. 수직적 사고는 우리들에게 매우 익숙한 사고방식이라 할 수 있는 논리적이며 합리적인 사고방식이다. 이것은 과학과 수학, 논리학 등에 필요한 사고방식이다. 반면, 수평적 사고는 매우 공상적이고 창의적이며 추상적인 사고방식이다. 수평적 사고는 직관이나 상상력의 기초가 되는 사고방식으로 글을 쓰는 작가나 예술가들이 갖고 있는 사고방식이다.

그러나 작가나 예술가들에게만 요구되는 사고방식은 아니다. 이제 우리가 살아가야 할 이 시대는 선형의 시대가 아니라 비선형의 시대이다. 단절의 시대이다. 이러한 시대에는 선형적이고 논리적인 사고로 도저히 대처해 나갈 수 없기 때문에 상상력과 창의력이 무엇보다 중요하다. 결국 상상력과 창의력은 바로 인간 그 자신에게서 나온다는 사실로 귀결되고 그 인간 자신은 가장 행복할 때 가장 두뇌 생산력이 높다는 사실로 마무리 된다.그 결론은 바로 이것이다.

'행복은 이 시대의 최고의 성공의 법칙이며 비결이다.'

행복한 사람은 분명 힘이 느껴진다. 그 행복함은 그래서 바로 경쟁력인 것이다. 행복한 사람에게는 세상이 길을 내준다. 그 존재감이 타인을 전염시킨다. 그래서 세상을 더욱 밝게 한다. 그리고 사람들은 본능적으로 행복한 사람을 좋아하게 되고 가까이 다가서려고 한다. 바로 인맥이 큰 힘으로 작용하는 이 시대에 행복이 경쟁력으로 급부상하고 있다는 사실을 방증하고 있는 현상이다.

우리가 살아가야 할 이 시대에는 행복이 최고의 경쟁력이다. 그래서 행복하면 성공도 하게 되는 것이다. 웃으면 복이 온다는 말이 있다. 이제는 행복하면 성공도 온다는 말이 그 말을 대신할 만큼 유명한 말이 될 것이다. 그 말이 사실이기 때문이다. 무엇보다 행복한 것이 성공하는 것보다 낫다. 그리고 성공한다고 다 행복해지지는 않지만 행복하면 다 성공할 수 있다. 행복이 성공의 가장 큰 비결이기 때문이다.

'성공이 행복의 열쇠가 아니라 행복이 성공의 열쇠

다.' 라고 알버트 슈바이처가 말한 것처럼 성공의 열쇠는 행복이다. 성공을 위해 열심히 일을 하고, 열정을 품고, 포기하지 말고, 노력하고, 먼저 남들보다 더 많은 에너지를 쏟아부어 일을 하라는 것이 아니다. 성공하고 싶다면 이러한 것들 보다 먼저 행복한 사람이 되라는 것이다. 그것이 성공의 지름길이기 때문이고 그것이 이 책 '행복학' 이 주장하고 있는 핵심적 주제이다.

미국 일리노이대학의 에드 디너 교수는 행복학 분야의 세계적 권위자이다. 그는 '모나리자 미소의 법칙' 이란 책을 통해 행복도 지나치면 부족한 것보다 못하다는 놀라운 사실을 주장하여 큰 충격과 논란을 안겨주기도 했다. 그는 말한다. 너무 완벽한 행복은 실현이 불가능하며 장기적으로 볼 때 득보다 실이 더 크다고 한다. 그래서 너무 지나친 행복보다는 일상을 통해 누릴 수 있는 적당한 행복을 더 선호해야 하고 더 좋아해야 한다고 말한다.

모나리자가 사람들로부터 사랑을 그토록 오랫동안 받을 수 있었던 비결은 100% 환하게 웃는 모습 덕분이 아니다. 인상을 쓰고 슬픔에 잠긴 모습도 아닌 83%의 미소와 17%의 슬픔이 균형을 이루었기 때문인 것이다. 우리의 성공적인 삶도 100% 만족하는 크나큰 행복보다는 83% 정도의 만족과 17%의 미래로 균형을 이루어야 한다.

에드 디너 교수는 또한 지금까지 많은 심리학자, 행복학자들이 연구한 주제와는 다른 주제에 대해서도 연구를 해왔다. 즉, 그는 '행복하기 위해 우리는 어떻게 살아야 하는가.' 라는 주제에서 탈피해 '행복한 사람은 어떤 삶을 살고 행복은 어떤 영향을 인간에게 미치는가.' 라는 주제에 대해 연구해왔다. 그의 연구 결과를 종합하면 다음과 같다.

'행복한 사람이 그렇지 못한 사람보다 건강이나 성공, 인간적 성숙, 인간적 사회적 관계형성 등 모든 면에서 훨씬 더 좋은 결과를 나타내 주고 있다."

그 증거 중에 하나로 '청소년 시절, 특히 17세쯤에 행복도가 높은 청소년들이 40세가 되었을 때 그렇지 못한 청소년들보다 훨씬 더 높은 연봉을 받는다는 연구결과를 발표했다. 이러한 연구결과는 '오늘 행복함으로 살아가는 사람이 결국엔 성공도 하게 된다.' 라는 이 책의 주제와 정확히 일치한다.

<2010년 행복을 선택하는 이들의 축제>에서 초청강연을 통해 그는 한국인들이 물질적 풍요와 경제성장에 비해 상대적으로 행복감이 낮은 이유는 바로 물질주의와 경쟁적 환경 탓이라고 지적했다.

그가 주창하는 삶의 주관적 만족도인 SWB(Subjective Well-being)는 지금까지의 모호한 행복도 대신에 과학적으로 연구가 가능한 행복지수이다.

그가 주창하는 SWB를 기준으로 볼 때 SWB가 높은 사람일수록 더 건강하게 살고, 더 오래 살고, 사회적으로도 더 성공적으로 살 뿐만 아니라 그런 사람의 행복감이 사회 전반에까지 긍정적인 영향을 끼치게 된다고 한다.

그는 행복이 성공이나 돈, 출세, 명예, 인기와 같은 외부의 것들을 통해 얻게 되는 종속변수가 아니라 독립변수라는 행복에 의해 새로운 패러다임이 만들어진다고 말한다. 그리고 그가 일관되게 주장하는 연구 결과의 핵심은 '성공이 행복을 가져다주는 것이 아니라 행복이 성공을 가져다준다.' 는 것이다.

Epilogue / 행복으로 성공을 꿈꾸는 이들에게

이 책을 통해 우리는 무엇보다 중요한 사실, 즉 행복한 사람이 결국에는 성공도 하게 된다는 사실을 발견했다. 그리고 이제 우리는 그러한 사실을 이론적으로 아는 것에 끝나서는 안 된다. 그것을 실천해야 한다. 그러한 실천을 위해 이 책이 제시하는 방법들은 여러 가지이다. 수많은 심리학자들은 운동, 긴장완화, 명상, 요가, 일에 대한 몰입, 건전한 인간관계 등을 제시하면서 행복해지기 위한 직접적, 또는 간접적 방법이라고 말하고 있다. 그러나 행복해지기 위한 방법은 그냥 행복해하는 것이다. 즉,

Just be happy! 그냥 행복해하라. 그렇게 행복해하는 것으로 인해 일에 몰입을 더 잘 할 수 있고, 운동을 즐길 수 있고, 긴장이 완화될 수 있고, 좋은 인간관계를 맺을 수 있고, 유지할 수 있다.

'행복은 이제 인생 최대의 목표가 아니다. 인생 최대의 삶의 도구이며 처세여야 한다.'

이것이 인류가 새롭게 선택해야 할 새로운 행복론이며 새로운 행복 패러다임이다.

독자들이여, Just be happy! 그냥 행복해하라!

이것이 행복의 최고의 비결이다. 그리고 이것은 성공의 최고의 비결이기도 하다는 사실을 잊지 말라.

독자들이여, 오늘 행복해야 내일도 행복할 수 있고 오늘 행복해야 내일 성공할 수 있음을 명심하자.

신경생물학적 연구 결과 행복의 주재료는 사랑이라고 한다. 그래서 사랑을 받고 자란 아이들이 그렇지 못한 아이들보다 훨씬 더 공부도 잘 하고 더 건강하다는 연구결과가 나오고 있고 사랑을 받고 인정을 받는 직원들이 그렇지 못한 직원들보다 훨씬 더 업무성과가 탁월하다는 연구 결과도 쏟아지고 있다.

이러한 현상들이 모두 사랑의 힘이다. 그리고 그 사랑이라는 하나의 씨앗이 열매를 맺어 우리 삶에 나타나는 것이 바로 행복인 것이다. 그러므로 서로 사랑하는 것이 가장 큰 행복이고 이것을 위해 어떠한 부와 성공도 필요하지 않다. 지금 이 순간 사랑을 하지 않는 사람은 내일은 하기가 더 힘들어지게 된다. 사랑의 결과인 행복 또한 성공적인 인생의 씨앗과 같은 것이다. 그러므로 오늘 행복하게 살지 않는 사람은 내일은 행복하게 살기가 더 힘들어진다. 인간은 쉽게 습관의 노예가 되기 때문이다.

작은 것에 감사하고 일상 속에서 사랑을 실천하는 사람은 결국에는 큰 행복도 누리면서 살 수 있게 된다. 그것이 씨앗의 힘이다. 오늘의 행복은 오늘로서 끝나는 것이 아니라 내일의 행복의 씨앗이 된다는 사실을 명심하자. 그것만으로 끝나는 것이 아니라 성공적인 삶의 기초와 토대가 된다는 사실도 명심하자. 그렇기 때문에 우리는 행복하게 살아야 한다.

그리스의 유명한 스토아 학파의 철인인 에픽테토스는 다음과 같은 말을 했다.

"나는 죽어야 한다. 하지만 그렇다고 해서 내가 슬퍼하며 죽어야 하겠는가? 나는 사슬에 묶여야 한다. 그렇다고 비탄에 젖어야 하는가? 나는 추방당해야 한다. 그렇다 해도 즐거워하고 만족스러워하면서 갈 수는 없는 것일까? 누군가 당신을 감옥에 가둔다고 할 때 당신은 뭐라고 말할 것인가? 당신은 내 몸을 감옥에 가둘 수 있지만 나의 정신은 제우스라도 억압할 수 없다."

그의 말처럼 우리의 정신은 제우스라도 억압할 수 없기 때문에 어떠한 소건에시도 행복을 선택할 수 있다. 그리고 행복을 기다릴 필요가 없다. 마음만 먹으면 행복은 우리에게 찾아오기 때문이다.

더 나은 상황이 될 때까지, 더 나은 출세를 할 때까지, 더 나은 입신을 할 때까지, 행복을 기다리며 미룰 필요가 없다. 절대 행복을 미루지 말라.

"바로 지금 이 순간 Right now, 단지 그대는 행복 하라. 그러면 성공이 찾아 올 것이다. Just be happy and score a success."

이것이 독자들에게 전해주고 싶은 유일한 당부의 말이다.

판권

초판 인쇄: 2025년 12월 10일
초판 발행: 2025년 12월 10일

펴낸이: 김병완
펴낸곳: (주) 플랫폼연구소

출판등록: 제 2020-000075호

이메일: pflab2020@naver.com

주소:서울시 강남구 삼성동 116 백우빌딩 402호 .

ISBN : 979-11-24195-21-5(03190)